尼ヶ崎彬セレクション③

日本のレトリック

尼ヶ崎彬

花鳥社

『日本のレトリック』目次

本書は「ちくま学芸文庫」として一九九四年に筑摩書房から刊行されましたが、これに一部改訂を施し、「『セレクション版』のためのあとがき」を付して、公刊するものです。

一　仕立て――仕組まれた場違い

ドンドンはドンドコの父なり。ドンドンの子ドンドコ、ドンドコドンを生み、ドンドコドン、ドコドンドンとドンタカタを生む。ドンタカタ、ドカタンタンを……

――筒井康隆『バブリング創世記』

似て非なるもの

まず、新宿の一酒房の賀状を紹介しよう。店名を「酩酊浮遊」と記し、なぜか「ぷあぷあ」と訓ずる。

酔客は創造主なり救世主なり即ち神なり　神々宿《じゅく》を彷徨《さまよひ》たまへり　宿は曠空《むなし》くして黒暗淵《やみわだ》の
面にあり　神々酩酊浮遊あれと言たまひければぷあぷあありき　神々是を善と観たまへり
神々言たまひけるは天の下の霊水《さけ》はぷあぷあ一処に集まりて乾ける精神《こころ》慰むべしと即ち斯く
なりぬ　神々言たまひけるは宿に伊勢丹とぷあぷあを置きて二の巨なる光に昼と夜を司《つかさ》どら
しめんと即ちぷあぷあは夕なり　宿を導く希望なり

――ぷあぷあ創世記序章（ルビは原文のまま）

第一行で読者は直ちに「お客様は神様です」という名台詞を思い出すだろう。台詞と言うより諺と言ったほうがよいかもしれない。この言葉は今では三波春夫という個人の手を離れ、商人道の公理のごとく取扱われているのだから。ともあれこれは誰もが〈有名〉と認める言葉であり、それゆえ〈周知の典拠〉たりうる資格がある。つまり、書き手の方は、読者がこの言葉を知っているとあてにして構わない。読者の方は、書き手にそう信ずる権利のあることを認めざるをえない。かくして「酔客」を「神」に見立てるという不敬の措置は、立派な典拠をもつがゆえに恣意的な思いつきではない、ということになる。読者はこの見立てを拒否することができない。

しかし、この賀状が直接の原拠としているのは（つまり《もじり》の対象としているのは）言うまでもなく旧約聖書の冒頭である（それも昔の文語訳の方である。昭和の口語訳は、パロディの対象とするにはまだ格式が足りない）。

> 元始《はじめ》に神天地を創造《つくり》たまへり　地は定形《かたち》なく曠空《むなし》くして黒暗淵《やみわだ》の面《おもて》にあり……神光あれと言たまひければ光ありき　神光を善《よし》と観たまへり……神言たまひけるは天の下の水は一処に集まりて乾ける土顕《あらはる》べしと即ち斯《かく》なりぬ……神二《ふたつ》の巨《おほい》なる光を造り大なる光に昼を司どらしめ小き光に夜を司どらしめたまふ……（「創世記」一・一〜十六）

賀状を受け取った常連が、自らを神になぞらえてめでたい気分になると同時に、希望の光を求めて夜な夜な新宿の路地を辿りたくなる、かどうかはわからないが、少なくとも一読してニヤリとはするだろう。それは文章の格調にうたれたからでも、飲み屋こそ希望の光という論旨に納得したからでもない。聖書をもじる手際の妙に、つい口許がほころぶのである。この時読み手の関心は、普通の読解の場合とは違って、文章の言わんとする所（意味内容）よりもむしろ、記憶の中のオリジナルと眼の前の似非《えせ》もの（パロディ）との比較対照に向けられている。読み手が感心するのは文章の形式（そもそも借り物）でも内容（飲み屋こそ光という珍説）でもなく、聖書をもとに似て非なる物を作る言語操作の芸に対してである。

《もじり》とは《似非もの》つまり似て非なるものを作ることであるとすれば、その制作にあたって、〈似ていること〉と〈非なること〉というまるで反対の方向に工夫を凝らさねばならない。そして似非ものつくりには二つの方式があるだろう。一つは、形式において能うかぎり似せ、内容において非なるものを作ることである。もう一つは、内容において能うかぎり似せ、形式において非なるものを作ることである。『ぷあぷあ創世記』は前者であり、寓意による風刺やあてこすりなどは後者になるだろう。もっとも「もじり」の語は普通前者のみを指して後者を含まない（「パロディ」の語は両形式を含みうるけれども）。「もじり」とは、もっぱら記号表現上の、少なくとも文の外形上の〈仕立てかた〉に注目した用語なのである。〈似非ものつくり〉という言語操作と、それがもたらす効果（頬の筋肉の弛緩）を考えるためには、右の方式を二つながら考慮しなければならないのだけれども、《もじり》から始めた話の成行き上、とりあえずは形式を似せて内容を違えるという方式を見てゆくことにしよう。

もじり

和歌・漢詩・散文のもじりは、狂歌・狂詩・狂文とも言われて、江戸時代に大いに盛行した。たとえば宝永年間（一七〇四～一一）に刊行された『仁勢《にせ》物語』は、題名からして『伊勢物語』と「擬《にせ》物語」（擬作）と二重のもじりになっているが、名は体を表してこれは『伊勢物語』の擬物語である。それも原作百二十五段の全てにわたり、本文和歌とも逐語的にもじって一句の省略もないという、ほとんど偏執狂的な作品である。作者は烏丸光広《からすまるみつひろ》という言い伝えはどうやら当てにならないらしいが、かなりの才ある文人の無聊《ぶりょう》を慰む筆の先から生まれたものであろう。まさか全段を引くわけにはゆかないから、光源氏が須磨の浜辺で口ずさんだという歌の出てくるくだりを、原作擬作並べて示すことにしよう。上が『仁勢』、下が『伊勢』である。

おかし男ありけり　京にありわびてあづまにいきけるに、伊勢尾張に、あはび蛤《はまぐり》の海づらにあるを、人のいとおほく売りけるを見て、

　いとゞしくすきぬる貝のこひしきに
　　浦山しくも買へる人かな

となんよめりける。

むかし男ありけり。京にありわびてあづまにいきけるに、伊勢尾張のあはひの海づらを行くに、浪のいと白く立つを見て、

　いとゞしくすぎゆく方の恋しきに
　　うら山しくもかへる浪かな

となむよめりける。

この『仁勢物語』は擬物語の濫觴でもあった。このあと『伊勢物語』をだしにして、『真実伊勢物語』とか『好色伊勢物語』とか『くせ物語』といったパロディ作品が出てくる。もちろん他の古典も端から餌食となる。たとえば『犬《いぬ》方丈記』、『寛闊《かんかつ》平家物語』、『吉原徒然草』等。江戸の戯作者の芸がどんなものだったか、とりあえず各々の冒頭部だけを示そう。これも上が擬作、下が原作。

おく質の流れは請けずして、しかも元も利もあげず。米屋ぞ売りやる米《うちまき》は、かつ切れかつ騰《あ》がりて、久しく下がることなし。世中にある人とすみかとたて枯のごとし……

（『犬方丈記』）

ゆく河の流れは絶えずして、しかも元の水にあらず。淀みに浮かぶうたかたは、かつ消えかつ結びて、久しくとゞまりたる例《ためし》なし。世中にある人とすみかとまたかくのごとし……

（『方丈記』）

祇園林の鐘の音、諸客無興の響あり。沙羅双林寺の春の花は、上戸《じやうご》必酔の色をあらはす。踊るもの久しからず、たゞ盆中の夢を見るに同じ。剛き物もつひには弱る、ひとへに大木の独活《うど》のごとし……

（『寛闊平家物語』）

祇園精舎の鐘の音、諸行無常の響あり。沙羅双樹の花の色、盛者必衰のことわりをあらはす。奢れる人も久しからず、たゞ春の夜の夢のごとし。たけき者もつひにはほろびぬ、ひとへに風の前の塵に同じ……

（『平家物語』）

つれづれなるまゝに、日暮し硯に向かひ、心にうつりゆく好色のよし悪しをそこはかとなく書きつくれば、おかしうこそ物ほしけれ。いでやこの世に生まれては、傾国に至てこと楽しみ多からめ。太夫の御位はいともかしこし。松の位の末葉まで、好色の種ならんぞやんごとなき……

（『吉原徒然草』）

つれづれなるまゝに、日暮し硯に向ひ、心にうつりゆくよしなし事をそこはかとなく書きつくれば、あやしうこそ物ぐるほしけれ。いでやこの世に生まれては、願はしかるべき事こそ多かめれ。御門の御位はいともかしこし。竹の園生の末葉まで人間の種ならぬぞやんごとなき……

（『徒然草』）

無常を語る評論は質物を請け出せぬ困窮者の記録となり、仏陀の祇園精舎は京都祇園の花街となり、隠者の風流は吉原の好色となる。要するに風雅高尚の世界は低俗卑猥な事柄に置き換えられるのである。とりわけ遊郭の話が擬物語には多い。

つい最近まで、たとえば音楽ならクラシックとポピュラー、文学なら純文学と大衆小説、つまり高尚なる芸術と低俗なる娯楽との間には、明確な次元の差があると信じられていた。ほぼ同様の区別が江戸時代にもあり、これを「雅俗」の別と呼んだ。たとえば伝統的な和歌漢詩は雅であり、黄表紙・洒落本は俗なるものである。もちろんことは文芸にとどまらない。天下の論じ方から箸の上げ下ろしに至るまで、およそ〈文化〉の名で覆うことのできる領域には、たいてい《雅》《俗》の色分けがあったと言ってもよい。そして人々は、この二つの世界を時と場合に応じて使い分けていたのである。使い分けを誤って、戴冠式に浴衣がけで出席し、銭湯へモーニングで出かければ、これは《場違い》であり、文化のしきたりを知らぬ〈田舎者〉ということになる。もっとも、普通は《俗》である場に《雅》を持ち込むことは、必ずしも悪いことではない。日常生活を小笠原流でやるのは、多少くたびれるかもしれないが、これを上品とほめる人は少なくないだろう（それでも行き過ぎると落語の「たらちね」になってしまうが）。しかし逆に、本来《雅》であるべき場に《俗》を持ち込むのはルール違反である。雅俗というのは、二つの異なる世界であると同時に、価値の高下があると社会から認められているため、俗中に雅を導入するのは価値を高めるが故に歓迎されることも多いが、雅中に俗を持ち込むのは、百日の説法屁一つ、雅の世界のぶちこわしであり、あるいは冒瀆であるが故にこれを忌むのである。

さて右にあげた擬物語は、すべてこの雅俗の約束事を利用した戯作である。即ち仕立てを雅の形式に借り、内容を俗なるものに取替えているのである。仕立てが雅である時、読者はそれが《雅の場》であるという予断を持つ。ところがその要所要所に「おく質」とか「好色」といった俗なる語が置かれている。雅のコンテクストに俗の要素を配するのは雅の世界を破壊するものであり、ルール違反である。しかしここでもう一度読み返せば、実は内容の全体は俗で首尾一貫しているのである。つまり、これは実は《俗の場》なのであって、その形式がたまたま雅の先行作品に似ているに過ぎない。そして、所々に雅語があるとしても、俗中に雅を交じえるのはルール違反ではない。つまりこれを《俗》の世界に属するものと見なせば（内容上そう見なさざるをえないのだが）、いささかも非難すべき点はないのである。読者はニヤリとするほかはない。

私たちはすべての文を同じ態度で読むものではない。対象に応じて意識の内にある構えを用意するものである。それはこれまでの文化習得によって身につけた、ある種の物の見方感じ方のシステムである。これを「パラダイム」と言ってよければ、私たちはある文を読む時、それにふさわしいパラダイムを用意することによって、それを適切に解釈するのである。《もじり》はこの応接を混乱させる。文の仕立ては《雅のパラダイム》を要求する。一方内容は《俗のパラダイム》を要求する。読者は二股かけたまま、どちらかへ没入することができない。

そもそも《もじり》の読者は、文の内容だけを読み取ろうなどとはしないものである（だいたい《もじり》作品の内容はむりやりこしらえたものだから、たいして面白いものではない）。むしろ《仕立て》の方に注意の半ば以上は向けられている。内容の方は、それが首尾一貫していること、十分に俗であることさえ確かめれば、それ以上に深い意味を探ろうとはあまりしないものである。それよりも読者は、原作の面影を意識から逃がさぬようにしながら、擬作の仕立ての出来具合を調べる。この時読者は、雅俗二つのパラダイムを準備しながら、いずれからも自由である（実はこの〈パラダイムからの自由〉が頬の筋肉の緊張を解放するのである）。こうして《もじり》とは、雅の原作を利用して、仕立てをそのままに内容を俗に置き換え、読者を雅俗のパラダイムから解放することであると言える。

ここで《もじり》の内容から目を転じ、《もじり》の技法そのものを、言語操作という形式的観点から見てみよう。それは一口に言えば、原作の《仕立て》をそのままにして、いくつかの要素を置き換えるという操作である。しかし、こまかく見ればそのやり方は一様ではない。たとえば『仁勢物語』と『ぷあぷあ創世記』を比べてみよう。

『仁勢物語』は元の音声の連なりをできるだけ保存しつつ、しかもできるだけ多くの語彙を置き換えてゆくことを目指している。おそらくその理想は、すべての語を同音異義語ないし類似音の語に取り替えてしまうことである。かくして「むかし男」は「おかし男」、「あはひ（間）」は「あはび（鮑）」等々となる。言い換えれば『仁勢物語』は〈一語のもじり〉を一つ一つ積み重ねて長大な〈作品のもじり〉を完成しようとしているのである。一方『ぷあぷあ創世記』は、元の語彙をできる限り残し、最小限度の語彙変更によって事を済まそうとしている。ただし、変更された語彙は全く元の語とは似ても似つかぬものである。たとえば、「地」と「宿」、「小さき光（月）」と「ぷあぷあ」のように。また元の文の音声的連続形を必ずしもそのまま守ろうとはせず、自由に省略、付加、変更を行っているが、ただ原文の様式だけは厳密に再現しようとしている。言い換えれば、『ぷあぷあ創世記』は〈文体のもじり〉を目指しているのであって、一語一語のもじりは重要ではない。〈語のもじり〉の場合、読者は一語一語の変換に注意することになる。しかし、語のレベルで音の似て非なる具合に関心を集める時、文章の喚起するパラダイムの意識は弱くなる。一方〈文体のもじり〉では、文体の喚起するパラダイムと内容の拠って立つパラダイムとはかなり明瞭に意識されるであろう。つまり、《もじり》のもたらす効果は後者の方が大きい。私たちが芸の細かさという点では『仁勢物語』に感心しながら、『ぷあぷあ創世記』の方がより面白いと感ずるのはそのためである。

《場違い》の仕掛け

さて次に外形が俗で内実が雅という《仕立て》を取り上げる。この雅俗を、真面目と不真面目、シリアスとポピュラー等に拡大して考えれば、風刺やカリカチュアと言われるものの多くはこの手口である。しかも手段は言葉にかぎらない。権力者が卑小な姿で卑小な振舞をしている新聞の風刺漫画が、例としては一番親しいかもしれない。そこでは、政党間の論争が党首間のパイ投げに置き換えられたり、侵略する日本の経済力がスモウ・レスラーの腕力に置き換えられたりする（もちろんこれを《メタファー》の観点から論ずることも可能だが、ここでは本筋から外れるので、手を出さない。ここで目を付けるべきは、置き換えの方向が広い意味での《雅》から《俗》へ向かっているということだけである）。日本ではちょっと考えられないことだが、英国では皇室を徹底的にからかったパロディドラマがある。醜悪なまでに容貌を誇張された女王や皇太子が（そしてもちろん皇太子妃が）下世話なドタバタを演じるのである（英国人がこれを許容し、日本で同じことが許容されないのは、日本人にユーモアの感覚が欠けているためだという説がある）。欧米の新聞のコラムでは、同様のことが言葉でしばしば行われる。たとえば政治家の架空の会話をデッチあげ、政情の機微に触れた滑稽談を創作する。もちろん読者は、それが現実の会話としてはありえないことを知っている。つまり、記者の冗談にすぎないことを知っている。ただ時の政情を考えれば、そこに一片の真実が誇張して現れているために（即ち〈うがっている〉ために）、その諧謔を一種の政治批評として楽しむのである。かつて日本の大新聞のコラムで同様の趣向をやってみたことがある。たちまち立腹した政治家から「事実無根」の記事を書くのはけしからんと訂正要求があり、執筆者はその申し入れに従うことを余儀なくされた（この件もまた、日本人のユーモアの欠如を示す例として引き合いに出される）。間もなく紙上に見られた「訂正」は、もともと冗談で書かれたものについては「あれは冗談でした」としか言いようがない、というものであった。

江戸時代の戯作にもこの種の趣向は多い。もっとも、当時政道批判を行えば、現代の記者のように謝っているのかからかっているのか判らないような釈明で済むわけがないから、その矛先は別の所へ向かう。政治の外の権威といえば、まず何よりも神儒仏のそして老荘の教えがあるだろう。そこで聖人君子を遊里に集わせ、各々にそれらしきことを語らせるという趣向の戯作がいくつか出た。その一、二を紹介しよう。

初期洒落本の代表作に『聖遊郭《ひじりのゆうかく》』（一七五七）がある。舞台は大坂の揚屋。亭主は李白。寸分の隙もないいでたちの客は、仁さまとも呼ばれる孔子大尽。ぞんざいな恰好で裏口から入ってくるのは玄さまこと老子大尽。相方と相合駕籠で「御来迎」するのは釈迦大尽。その相方の名は、それぞれ大道《おおみち》太夫、大空《おおぞら》太夫、仮世《かりのよ》太夫である。そこへ太鼓持の白楽天が来合わせて廓の噂話となる。荘子から陶淵明までがそれなりに肴にされたあと、白楽天は美生《びせい》という男の死を伝える。彼は大雨の日に橋の上で女を待ち続け、ついに橋もろとも流されてしまったのである。これを聞いて、太夫大道「義によつて命をはたすは、人たるもの〻道なり。美生も約束を変ぜずして、義のために命を失ひしは、かわひらしい心じゃナァ」
太夫仮世「ソウトモそれはみな前世《さきのよ》からの約束事。過去ノ業因でござんす。ノウ大空す」
大空「ナンノイナア。その美生とやらが狭い笹の葉のよな心から、その女子《おなご》ひとりに思ひつめるといふがちがひ。その晩に約束が違ふて、いやといふなら、広い世界にたくさんな女子《おなご》。どれなりと合点する女を女房にしたがよいわいな」
　三人の評判は、孔子、老子、釈迦、三聖の気うつりとしられけり。

　一つの事件について儒仏道三様の見解が、客の思想に影響された遊女の口から語られる。《雅》の極致ともいうべき聖教を内容に採って、廓言葉という《俗》な形式に乗せるという《場違い》の仕立てがこの部分の趣向なのである。ここで彼女たちの言葉が正しく三教の思想を伝えているか否かは問題ではない。学者が「誤解している」などと文句をつければ、「あれは冗談で」となされるのが落ちだろう。大事なのは、読者が直ちに「これは儒教、これは仏教の言い分」と見てとれるほど、いかにもそれらしい特徴を備えていた、ということである。
　たとえばかつて、テレビでタモリが寺山修司や竹村健一のモノマネを演じた時、語られる内容はむしろシリアスであって少しも滑稽ではないのに、そして私たちはその内容を十分理解していたのに、なお笑ったのはなぜだろうか。おそらくその理由の一つは、語り手が一向にその内容を信じていない、ということを私たちが承知している、ということにある。モノマネとは、〈他人の言葉〉の〈特徴〉を再現することである（この〈特徴〉は、言葉の形式のことも、内容のことも、喋り方のこともある）。モノマネであることを明示しつつ言葉を語る時、語り手は〈これは本気ではない〉〈内容の責任はもたない〉という信号を付け加えて、ある内容をもった言葉を送り出しているわけである。この時、その内容がいかに深刻であったとしても、聞き手はそれを深刻に受け取るわけにゆかない。

同じ言葉を寺山修司自身が語る時、私たちはそれらの言葉が生身の語り手の思想を表すものとして受け取る。そして私たちは、言葉の〈特徴〉ではなく、語られた〈思想〉そのものに反応する。その真偽を問い、自分の思想との異同を確かめ、といった具合に。〈言葉〉はこの時〈思想〉を伝えるための媒体にすぎない。しかしタモリの語る言葉は、〈思想の媒体〉としてではなく〈言葉にすぎないもの〉として、言い換えれば〈言葉の戯れ〉として受け取られるのである。私たちはそこに、持ち重りのする信念や、真偽を確かめるべき命題や、自ら引き受けるべき課題を見出すのではなく、ただ言葉による特徴の集合を見出す。それは深刻な記事を満載した新聞を目方で量るチリ紙交換屋の態度に似ているかもしれない。たとえ語られたテキストが同一であっても、語り手とテキストの関係次第で、聞き手とテキストとの関係もまた違ってくるのである。

ところで誤解のないよう念を押しておけば、この「タモリの語る『寺山修司の言葉』」に対する私たちの態度を、形式を見て内容を見ないとか、記号表現（シニフィアン）**に関わって記号内容（シ

** アステリが2箇の語句は、次頁の見開き隅に当該注があります、という意味です。

ニフィエ）に関わらないとか言うのは正しくないであろう。言葉の表す内容さえも、特徴を提示する材料として利用されているのだから（タモリのモノマネが従来の声帯模写と異なるのは、この〈内容の特徴〉の再現にある）。つまりこの時聞き手の関心の対象になっているものは、語りにおける音声的特徴はもちろん、語彙・統辞法・意味内容など、テキストから認知されうるものの全てである。その関心から切り離されているのは、ただ、本来〈語り〉というものが持つべき地盤だけである。〈語り〉とはもともと語り手の情念なり信念なりを他人に訴えかけるものであるとすれば、その言葉の背後には、切れば血のでる人格や、真偽を問うべき問題などがあるはずだし、また聞き手はその言葉を通路として、語り手の人格に共感ないし反撥したり、語り手の信念を承認ないし否認したりするはずである。つまり〈語り〉は、本来現実の何事かについて語っているのであり、それ故聞き手はその言葉を介して語り手と現実のレベルで切り結ぶものなのだ。このような〈語り〉の地盤として現実にあるはずのもの、すなわちその言葉を発する語り手という人格、内容のもつ真理性（論理的整合性および現実への妥当性）、そして聞き手に対する共感ないし承認の訴求、これらを仮に〈語り〉の〈現実的土台〉と呼ぼう。この現実的土台が欠けている時、〈語り〉は〈言葉の戯れ〉となる。聞き手は現実的関心を欠いたまま〈語り〉を受け取る。それは所詮、語彙や統辞や内容などの特徴を認知することにすぎない。モノマネとは（戯画などの視覚的ケースも含めて）このような認知の次元にのみ属するものである。

話を元に戻せば、遊女たちの語りもまた同じことである。読者はそこで語られた思想に現実的関心を抱くのではなく、むしろ普段は気に留めることが少ない語りの特徴の方に注目する。なぜなら、遊女に語らせるという仕掛けそのものが既に〈これは本気ではない〉という信号であるから。読者はナマナマしい現実的土台から解放されて、店先で大根を品評するように、聖なる言説を眺めまわすことができる。

これを一歩進めれば、それとわかる特徴さえ確保すれば内容の類似は必ずしも必要ではない、ということになろう。たとえば廓言葉で仏教的語彙を喋りつつ、しかもそれなりに筋は通りながら、全く本来の意味と懸け離れる、という操作が可能である。ある語を異なる文脈に置くことによって強引に別の意味を与えること、すなわち「こじつけ」である。『聖遊郭』では、最後に釈迦と仮世が駆落ちし、死出の旅路へと向かう。当時流行の心中行である。突然文体は一変し、それまで会話体であった洒落本が、「道行妹背《みちゆきいもせ》の送り火」と題する浄瑠璃となる。途中から引けば、

愛別離苦の世のならひ、逢ふは別れと口癖に、あじきないこと言はしやんす。それで私がこのつかへ。天上天下《てんしやうてんげ》唯一人、お前ならでと思ひつめ、この世はおろか後の世も、変はるまいぞと六道の、ちまたに迷ふ恋の闇。ころしも今日は文月の、中の六日はなき魂《たま》を、娑婆へ迎へて送り火の、遅れ先立つ死出の道。往来《ゆきき》の人の繁ければ、草葉のかげに身をひそめ、立

＊＊**記号表現（シニフィアン）・記号内容（シニフィエ）**……ソシュールの用語。彼は記号の二面である《意味するもの》と《意味されるもの》を区別し、前者をシニフィアン、後者をシニフィエと呼んだ。たとえば言語の場合、文字や音声がシニフィアンであり、概念がシニフィエである（ただし「音声」といっても物理的に存在する音響ではなく、心理的に認知された音像の方である）。

たずみたまふぞいたはしき。

「愛別離苦」「天上天下唯我独尊」「六道輪廻」など仏教の特徴的語彙が元の思想から引き剝がされて、近松風の道行文に見事に所を得ている。この「こじつけ」もまた、《雅》から《俗》への転換の趣向である。

しかしこの小説は、情緒纏綿たる三味線に乗ってしんみりした心中悲劇に終わるわけではない。

是ぞ即身成仏の法のちかひの頼もしく、夫婦は二世のちぎりぞと、手に手を取て行く程に、
三津《さんづ》の川の舟よばひ、女渡得船《にょどとくせん》の棹さして、彼岸《かのきし》にこそ着きたまふ。

なんのことはない、心中した二人はめでたく彼岸に成仏してしまうわけであり、意表を突いたハッピーエンドとなる。考えてみれば主人公は釈迦なのだからそれも道理、という筋の通った仕掛けになっている。「釈迦」と「心中」という異様な取り合わせは、この世（仮の世）からあの世（彼岸）へという「成仏」の構造を共有することによって結び付く。パラダイムを異にするものが、一点の共通性によって重ね合わされるという「こじつけ」の操作がここにもある。

聖人を遊郭のコンテクストに置き入れるという同種の趣向は、この後も『列仙伝《れっせんでん》』（一七六三）、『通神孔釈三教色《つうじんこうしゃくさんきょうしき》』（一七八三。通人講釈と空海の『三教指帰』のもじり）などいくつかある。しかしパロディは標的に鮮度がないとワサビが効きにくい（だから風刺は常に時の権力に向けられる）。

そこでもっと当世風に、同時代の学者をからかうものが出てくる。たとえば元禄に荻生《おぎゅう》徂徠《そらい》の古文辞学が一世を風靡したが、その弟子の服部南郭《なんかく》が郭象の注した荘子『郭注荘子《かくちゅうそうじ》』を出版すると、これをもじって戯作『郭中掃除』（一七七七）が出た（他にも『廓中丁字《かくちゅうちょうじ》』（一七八五）、『当世廓中掃除』（一八〇七）などがある。「郭」は「廓」即ち遊廓に音が通じる）。場所は吉原の古文字屋、主人公は毛唐とも呼ばれる通人祖礼先生（「毛唐」というのは徂徠の中国かぶれをからかったもの）。脇役の禰宜《ねぎ》三猴《さんこう》と一興和尚は、神道家増《ます》穂《ほ》残口《ざんこう》と禅僧一休を念頭に置いている。そこでこの祖礼先生は、女郎らの饅頭の喰い方を種に、気質性情の人さまざまであることを理路整然と論じてみせたりするのである。

　これらの戯作は、形式が《俗》、内容が《雅》であるように見えるけれども、その主眼はむしろ《雅》の語りから現実的土台を奪うこと、そしてその語りが元来持っていた圧力から読者を一時解放することにある。純粋に《雅》を内容とすると言うよりは、《雅》を内容とすると見せかけて、その内容を無力化するのである。

やつし

　しかし、形式を《俗》に借りて内容に《雅》を籠めることは、必ずしも《雅》の無力化を目的とはしない。《雅》の骨格に《俗》の皮を着せ、一見《俗》なるものに見せかけながら、その実《雅》であることを楽しむという、高踏的な（見方によってはいやみな）方法がある。これは木綿の着物に絹の裏を用いる江戸人の美意識に近い心意気である。大田南畝《なんぽ》は言う。

「雅人の俗を弄ぶばかりは、かへりて雅の沙汰になるもあぢなものなり」（『仮名世説』）

この方法論を江戸時代の言葉で言うなら、即ち《やつし》である。その効果は即ち《いき》である。この《やつし》が江戸人にとって、文学のみならず生活そのものにおける発想の様式であることを指摘したのが石川淳であった。下女お竹が実は大日如来であったという当時の話題が、古く西行の出会った江口《えぐち》の里の遊女が実は普賢菩薩であったという能『江口』の説話と同型であることから、彼はこう語る。

「前もつて能の江口といふものがあたへられてゐなかつたとすれば、すなはち江口に於て作品化された通俗西行噺が先行してゐなかつたとすれば、江戸の佐久間某の下女が大日如来に化けるといふ趣向は発明されなかつたらう。江口の君が白象に乗つて普賢菩薩と現じたといふ伝承は前代から見のこされて来た夢のやうなものだが、江戸人はその夢を解いて、生活上の現実をもつてこれに対応させつつ、そこにまたあらたなる夢を見直すことを知つていた」（「江戸人の発想法について」『文学大概』所収）

お竹と江口の君を重ね合わせるものは、共に身分賤しいというだけではない。石川淳は当時の川柳から、お竹が来る者を拒まぬ女であったらしいと見て取り、さだめし近所の若い衆を済度したことであろうと推測する。妄念に迷う男どもに施した慈悲において、お竹は江口の君と相似るのである。というわけでここには二重の《やつし》の仕組みがある。

「いはば、お竹すなはちやつし大日如来である。またお竹説話すなはちやつし仏説縁起観であ

る」（同。傍点原文）

この仕組みはこう言い換えてもよい。「江口の君即ちやつし普賢菩薩」という説話の《やつし》として「お竹即ちやつし大日如来」という説話が生まれた、と。「お竹即ちやつし大日如来」の仕組みの方はしばらく置く。江戸人の発想法としてより重要なのは、能『江口』という《雅》の説話の《やつし》として《俗》なるお竹説話を生んだことである。この時《やつし》とは、今や単なる伝承となって時代精神から遊離しつつある《雅》の根底にあるものを、市井の生活中に対応物を見出すことによって《俗》化し、俗化することによって新たなる生命を賦活する操作であると言ってよい。それでは、かつて《雅》の衣をまとい、今日《俗》の衣をまとって再生するものとは何か。それを思想と言っても理念と言ってもよいかもしれないが、あまり大袈裟な言葉を使わずに言えば、人が世界や人生の仕掛けの内に見出す一つの〈型〉のようなものである。たとえば、お竹説話と能『江口』に共通するのは、〈最も賤しい者がじつは最も聖なる者である〉という型である。

この《やつし》という操作は戯作においても発揮された。たとえば恋川春町《こいかわはるまち》に『金々先生栄華夢《きんきんせんせいえいがのゆめ》』という黄表紙の代表的作品がある。主人公は金兵衛という田舎者で、「浮世の楽しみをきはめんと思ひ立ち」江戸に向かうが、途中目黒不動の茶屋で名代の粟餅を食べようと待つ内についい寝入ってしまう。その夢の中で彼は金満家「文ずい」の養子となり、金々先生と呼ばれて吉原・深川・品川と大尽遊びを重ねるうち、女には欺かれ、家産を傾け、ついに養家より追い出される。

金々先生追い出され、いまは立よるべきかたもなく、いかゞはせんとあきれはて、途方にくれて嘆きいけるが、粟餅の杵の音に驚き、起き上がつて見れば一すいの夢にして、あつらへの粟餅いまだできあがらず。よつて金兵衛よこ手うち、「われ夢に文ずいの子となりて、栄花をきはめしもすでに三十年、さすれば人間一生の楽しみも、わづかに粟餅一臼の内のごとし」とはじめてさとり、これよりすぐに在所へ引こみける。

読者にはすぐわかるだろうが、これは〈やつし邯鄲《かんたん》〉である。大志を抱く青年盧生《ろせい》が邯鄲の宿に休み、楚王となって富貴を極める夢から醒めてみると、五十年の栄華も粟が炊ける間の一眠りにすぎなかったという説話は、能『邯鄲』によって有名である。『金々先生』の幕切れの文は、実は謡曲『邯鄲』のもじりにもなっている。

栄華のほどは五十年、さて夢の間は粟飯の一炊の間なり。（『邯鄲』）

ところで著者は、これが邯鄲の《やつし》であることを隠さないばかりか、「金々先生」が「盧生」同様一つの記号にすぎないことを、その序文で明らかにするのである。

金々先生の一生の栄花も、邯鄲のまくらの夢も、ともに粟粒一すひの如し。金々先生は何人といふことを知らず。……金あるものは金々先生となり、金なきものはゆふでく頓直《とんちき》となる。

さすれば金々先生は、一人の名にして壱人の名にあらず。

春町はこの戯作によって古典『邯鄲』を嘲弄するわけではない。むしろ、当時邯鄲の説話は、有名ではあっても、人生無常を教える抹香臭い修身談として世人の日常の意識からは棚上げされていたであろう。その邯鄲は、金々先生に身をやつすことによって、江戸の生活者の心に届く存在となったのである。なぜなら、読者は楚王となった盧生の夢を共にすることはできないが、金々先生の「浮世の楽しみを極め」る夢は共にすることができるからである。《雅》は《俗》にやつすことによって、再び本来の生命を蘇らせるのである。死せる《雅》は《俗》中に活を求めねばならない。おそらくこれを明瞭に意識していたのが江戸俳諧文学者たちであった。重ねて石川淳の指摘を引く。

「このやつしといふ操作を、文学上何と呼ぶべきか。これを俳諧化と呼ぶことの不当ならざるべきことを思ふ。一般に、江戸の市井に継起した文学の方法をつらぬいてゐるものはこの俳諧化といふ操作である」(石川淳前掲書。傍点原文)

たとえば「高く心を悟りて俗に帰るべし」(『三冊子《さんぞうし》』)と説く芭蕉がそうであった。彼の志は「古人の跡を求めず、古人の求めたる所を求めよ」(「許六離別詞《きょりくりべつのことば》」)という詞に表れているであろう。古人の雅びな作品をまねるのではなく、古人の行為をまねるのである。つまり芭蕉は、往古の歌人たちが《雅》によってなしたものを《俗》によってやり直したにすぎない。それは、活きた言葉によって世界を捉えることである(「物の見えたる光いまだ心にきえざる中に言ひとむべし」『三冊子』)。もちろん芭蕉にとって、伝統的な作法に従い、雅びな句を作るのは造作もなかったにちがいない。しかしそれでは「古びに落ち」てしまう。彼の工夫は《俗》にやつすことにあったろう。彼は題材を市井にとり、語彙を日常にとり、《俗》によって《雅》の相当物を組み立てようとしたのである。

ただ生活者の用いる語のあるものは、また雅語としても用いられており、古臭い風雅の垢が一杯に貼り付いている。たとえば「鶯」の語を句作に用いれば、それは『古今集』以来この語に託されてきたイメージを誰もが想起するであろう。それは、江戸市民の庭先に訪れる鶯とは別のものである。それゆえ芭蕉は「鶯」の句を詠む時、この語を《俗》にやつさなければならない。

鶯や餅に糞する縁の先

芭蕉は杉風《さんぷう》宛の手紙で、この句に「日比《ひごろ》工夫之処ニ而御座《てござ》候《さうらふ》」と書き添えた。鶯の脱糞に辿り着くまで、彼はどれほどの「工夫」を凝らさねばならなかったことであろうか。

二　見立て——視線の変容

男はみんな狼よ
——『男と云うものは（A GUY IS A GUY）』

見立てと隠喩

太らしてから、使う

「太らしてから、食べる」の間違いではない。これは三井信託銀行の広告文である。太らせるのは、従って、豚ではなくて預金である。しかしこのコピーを見れば、誰でも食肉用の家畜を思い浮かべるであろう。日本語の慣用では「太らせる」とはたいがい餌を与えて大きくすることであって、無生物には使わないからだ。小学校の先生なら「『増やしてから使う』とするのが正しい日本語というものです。『太らしてから』というのは豚にでも使うべき言葉で、金銭に使うべきものではありません」と子供たちに教えるかもしれない。そしてこの教育は、(小学生に対してなら) 全く正しい。逆に言えばこのコピーは、慣用の語法から外れているところが作者の工夫なのである。「増やしてから、使う」では誰も振り向いてくれない。

このコピーが印象的であるとすれば、預金を豚のように取り扱ったという一点にかかっている。多分コピーライターはこんなふうに考えたのであろう。広告の目的は預金を勧めることにある。貯金の好きな人は放っておいてもよい。語りかけるべきは、今日入った金は今日使ってしまおうという性癖の人である。そういう人は、明日の大きな買物のために今日の小さな買物を犠牲にするのはばかばかしいと考えているのだろう。問題は価値観であって、理屈ではない。正面から今我慢したほうがお得ですよと言って納得するはずがない。しかし、同じ人が豚を飼う時、痩せた豚をすぐ屠殺するだろうか。たっぷり太らせてから食べるのではあるまいか。とすれば、豚に対する態度をそのまま金銭にも転用してもらえればよいわけだ。つまり、豚を取り扱うように預金を取り扱うこと、あるいは、豚を見るように預金を見ること。この《物の見方》こそが消費者に伝達すべき内容である（より正確に言えば、消費者の意識内に喚起すべき効果である）。では、そのような《物の見方》の伝達はいかにして可能か。実際に預金を豚として取り扱ってみせることである。それは、豚に用いるべき言葉を預金に用いることで実現できる。そこで、「太らしてから、使う」

ところで、この「AをBとして見る」、あるいは「AをBとして取り扱う」という振舞は、日本語で「見立て」と呼ばれてきたものである。そこでこの修辞法を「見立て」と呼ぶことにしよう（と言っても別に私の新語ではなく、もともとは俳諧用語である。ただしここでは、俳諧の「見立て」を含みつつも、さらに範囲を広くとって考えたい）。

「太らしてから、使う」には「金」という語も「豚」（ないしそのたぐい）という語も使われてはいない。けれどもこれが何の見立てであるかはすぐにわかる。実はこれはかなりひねった芸当であって、普通は何を何に見立てたか明示していることが多い。俳諧から例をとれば、

散る花は音なしの滝と言ひつべし　昌意《しょうい》

「花」を「滝」に見立てたものである、と説明するのも野暮だろう。

今日の広告文から拾えば、

歯ぐきは、歯の大地　（佐藤製薬）

「歯ぐき」を「大地」に見立てたものだけれども、その見立ての視点を明らかにするために「歯の大地」となっている。これによって、〈歯ぐきが歯を支える〉という事柄と〈大地が樹木や建物を支える〉という事柄とが同質のものであること、従って同じ《物の見方》を適用すべき事柄であることが提案されているわけだ。そして、なるほど歯ぐきがしっかりしなければ歯が危ないのだな、ということが改めて読者に納得される。これまで専ら歯の方にばかり気を取られ、歯ぐきの手入れをおろそかにしていた読者は、〈大地〉のイメージの投影によって〈歯ぐき〉の認識を改め、ついでに振舞も改めるかもしれない（たとえば毎朝マッサージするとか）。

こうして「見立て」とは、常識的な文法や連想関係からは結びつかぬものを、類似の発見によって（ないしは類似の設定によって）結びつけ、それによって主題となっているものに新たな《物の見方》を適用し、新しい意味を（または忘れられていた意味を）読者に認識させるものである、と言えるだろう。

しかし、この規定は、まさに「隠喩」の規定そのものではないか、と最近の隠喩論に詳しい読者なら言われるかもしれない。隠喩を（さらに直喩等をも含めた比喩を）認識的機能から捉え直すことによって旧来の隠喩論を一新する論考が、たとえばアメリカのグッドマン、フランスのリクールやスペルベル、そして我が国の佐藤信夫氏などから発表されており、隠喩の機能を認識に求めることは、もうほとんど新しい定石とさえ言えるほどであるからだ。

それではなぜ本章の題が「隠喩」ではなく「見立て」なのか。その方が都合がよさそうに思えた理由は二つある。第一に、「隠喩」と「見立て」は、同じ現象について言われることがあるとしても、その視点がちがう。「隠喩」という語は、言葉と意味との関係におけるある特性を指すものである。つまり、ある記号が本来の意味とは別の意味を表す（転義）という現象に注目している（実際、旧来の隠喩論は記号の転義現象の規則をおもな解明の対象とした）。しかし、「見立て」とは対象を取り扱う主体の態度に注目した言葉である。そして私の見る所では、転義とはこの修辞法の表面的特徴であって、主体の態度変更というからくりこそ、この修辞法の根底にあるものである。第二に、「見立て」は「隠喩」よりも問題の幅が広い。そもそも「隠喩」は「メタファー」の訳語だから、この語を用いたとたん西欧修辞学の枠組にはまりこんでしまう。たとえば直喩と隠喩の異同。また、直喩・隠喩*を含む転義的比喩と擬人法や寓意などの修辞法との関係。なにしろ西欧修辞学はむやみに修辞法を細分化しており、「隠喩」はその中で小さな領域しか割り当てられていないのである。しかし「歯ぐきは、歯の大地」は隠喩であるとしても、「散る花は音なしの滝と言ひつべし」は直喩だろうし、「太らしてから、使う」は無生物を生物になぞらえているのだから擬人法のバリエーションということになるだろうし、要するに「隠喩」だけでは話が片付かず、といって直喩や擬人法を一緒に扱おうとすればそれなりに異同を整理する手続きが必要となる。しかし「見立て」と言えば、西欧修辞学の枠組に関わりなく、「AをBとして見立てる」という現象を一括して扱うことができる。しかも「見立て」の語は言葉の上の現象だけでなく、人間の認識の作法一般に関わることができる。言い換えれば、「隠喩」は「見立て」の言語的ケースの中のある部分だとしてすましておくことができる。そしてもし「隠喩」が認識論的な問題を根底に持つとするなら、それは言語だけの問題にとどまるはずはないわけで、言葉を使わぬ諸芸術から日常の動作まで、「意味」が生じるすべての場面にわたって同様の機構が働いているとも

直喩・隠喩…両者ともに、あるものをそれに似たもので喩える比喩であるが、「のような」などの類似を明示する言葉が伴うものを「直喩」（シミリ）、伴わないものを「隠喩」（メタファー）という。たとえば「あいつは狼みたいだ」は直喩。「あいつは狼だ」は隠喩。〈人と狼とは類似点がある〉というだけの直喩は不合理ではないが、〈人が狼である〉とする隠喩は理屈に合わない（動物学的に見て人類は狼ではない）、というのがこの区別の理由である。この区別にあまり意義を認めず両者を一括して扱う隠喩論も多いが、佐藤信夫氏のように直喩に格別の役割を見る考えもある。

考えられる。おそらくその基本的機構こそ私たちが「見立て」と呼んでいるものである。

いささか弁明が長くなってしまったけれども、要するに、認識の機構一般に関わるものとしての「見立て」というしくみが言葉に利用された場合、どのような現象を生じるのかというのが本章の主題だ、ということである。まず非言語的な見立て行為について簡単に見ておくことは、たぶん言語上の見立てを考える上で役に立つだろう。

実現の見立て

「見立て」という行為は、AをBとして見る、もしくは取り扱うということである。しかしこれには二つのケースが考えられるだろう。一つは「見立て」という操作によって、Aが実際にBになってしまうケースである。もう一つは、AとBは別物でありながら、想像力によってAをBのつもりで接するケースである。とりあえず前者の方から見てゆくことにしよう。

たとえば、落語の好きな人なら、「見立て」という語からまず思い浮かべるのは、吉原の客が居並ぶ遊女の中から自分の相方を選ぶ光景であろう。この場合「見立て」とは〈選択〉というほどの意味である。しかし見方を変えれば、これはそれまで遊女にすぎなかった者に〈自分の相方〉という特別の意味を与えることである。単なる〈女の一人〉と〈自分の愛人〉とでは、他人にとってはともかく、自分にとっては大きな意味の違いがあるだろう（もちろんこれは相手にとっても同じことである。なんなら〈女の一人〉として接すべき相手を〈自分の愛人〉として扱えばどんな悶着がおこるか試されてもいい)。とすれば「見立て」とは、この場合、〈何々の一つ〉にすぎないものを〈特権的な何々〉へと意味転換させる決断である。このような主観的意味付与としての見立ては、たとえば服を見立てる、おみやげを見立てる、などという場合にもあてはまるだろう。

これに対し、いわば客観的意味付与としての「見立て」もある。たとえば医者の〈診断〉を「見立て」と呼ぶ場合がそうである。これは、いくつかの症候が示す〈一種の病気〉を、〈風邪〉とか〈結核〉といった特定の病気に意味限定することである。以後病人は、「風邪ひき」とか「結核患者」といったラベルを貼られて生活することになる。

いずれにしても、〈遊女〉はあいかわらず〈遊女〉であり、〈病気〉はあいかわらず〈病気〉であって、別のものになるわけではない。ただ、それに別の意味の層が付加されて、〈自分の相方としての遊女〉、〈結核としての病気〉になる時、意味の層位の転換に応じてそれに対する応接も違ってくることになろう。

ジョン・ケージの『四分三三秒』はこれを利用したものである。この曲(というのが適当かどうかわからないが)は、次のようにして上演(というべきかどうかもわからないが)される。楽器の指定はないのだけれど、仮にピアノでやるとしよう。舞台上に一台のピアノが据えられ、演奏家が登場してその前に座る(普通ここで聴衆は静まりかえって耳をそばだてる)。演奏家は(演奏開始を今か今かと待ち構える聴衆を前に)二、三度意味のない動作をする外は何もせず座り続ける。そして四分三三秒経過した時、彼は立ち上がり(呆気にとられた聴衆を尻目に)退場する。この一種のパフォーマンス(とでも言うより仕方のないもの)は、今日こんなふうに解説されるのが普通である。

すなわち、この『四分三三秒』は一つの音楽経験を聴衆にもたらす。確かにピアノは弾かれなかったが、その間耳を澄ます聴衆には、客席のかすかな衣ずれや息づかい（場合によってはしわぶきや足音）、また場外から洩れる人声や車の音など、一般に「雑音《ノイズ》」と呼ばれる音が聞こえたはずである。そしてこの『四分三三秒』においては、それらの「雑音」こそが聞かれるべき音楽作品なのである、と。そしてケージはこの作品において、「楽音」対「雑音」、「予め決められた音」対「偶然の音」といった従来の区別を破り、全ての音が音楽経験の対象となりうる可能性を開いたのである、と。

このような説明が正しいとすれば、ケージは聴衆に「雑音」を「音楽」に見立てることを要求したのである。つまり〈音にすぎないもの〉ないし〈単なる音〉として捉えられていたものを〈音楽〉ないし〈芸術作品としての音〉という特別の意味を帯びたものへと位相を転じ、別様に取り扱うことを求めたのである。

しかしこのような《見立て》の要求が正当でありうるのは、その音が「演奏会」で生じているからである。「演奏会」とはその場で与えられる音がみな芸術とみなされるような「制度」であり、それゆえ「雑音」に「演奏会」という《仕立て》（モノのコンテクストの変換）を与えることが《見立て》（モノ自身の意味変換）の条件となるのである。

実は『四分三三秒』の仕立ては二重になっている。一つは「演奏会」というコンテクストであり、もう一つはピアニストが現れて一定の時間ピアノの前に座るという行為である。彼が座って、立ち上がるという行為は、その間の四分三三秒という時間を前後の時間から区別して特権化する。つまりその前後の時間は〈音楽の生起していない時間〉であり、演奏家の行為によって切り取られた時間だけが〈音楽が生起している時間〉なのである（厳密に言えばこの「作品」は三楽章から成り、途中二回の〈音楽の中断された時間〉がある。初演者のチュードアはピアノの蓋の開閉でこれを示した）。この特権的時間に生起する音は全て、そしてそれらの音だけが『四分三三秒』という「作品」を構成する音なのである。一見何もしないピアニストの臨在は、この時間の切り取りのために、つまり均質な時間流のなかに「作品」である時間を生起させるために必要とされたわけである。

この時間の切り取りによる意味の位相転換は、空間における枠取りに相当するだろう。たとえば、原野の一角を縄で囲って、神聖な場所としたり、所有権を主張したりする時、枠の内と外とは、物理的には変わらなくとも、私たちにとって異なる応接を要求する。外と内とでは空間の意味が違うからである。つまり私たちは縄一本あれば、《見立て》によって聖地を作り出すことができる。芸術に話をもどせば、額縁が同様の機能を持っている。そこでたとえば、中空の額縁を画廊の壁に掛けて、『六〇cm×八〇cm』といった題名をつけてみてもよい。この時額縁で枠取られた壁の部分は、外側の壁とは違った意味あいを帯びることができる（観客が態度変更してくれればの話だけれど）。枠の外は〈単なる壁〉であるのに、枠の中は〈作品〉として見立てられるわけである。この時、壁の材質、色あい、しみなどは、一つの「美術」として鑑賞の対象となりうるだろう。もしそうなれば、これは『四分三三秒』の絵画版というわけである。

このように特権化する見立てによって、AがBとして実現するものを《実現の見立て》と呼んでもよいであろう。これに対し、想像によって、AをBのつもりで応接するものがある。次にこれを取り上げよう。

想像の見立て

「長屋の花見」という落語がある。貧乏長屋の連中が大家の発案で人並みに花見にでかける。さて重箱を開いてみれば、玉子焼きと見えるのは沢庵《たくあん》、蒲鉾《かまぼこ》と見えるのは大根、徳利の中は実は番茶という仕掛け。ぶつぶつ言う店子らに大家は、これらを本物と見立てて宴会を盛り上げることを命ずる。仕方なく店子らは、玉子焼きのつもり、蒲鉾のつもり、酒のつもりで飲めや歌えの花見を始めるのである。

この〈××のつもり〉という見立ては、《実現の見立て》とはいささか様子を異にしている。遊客の見立ての場合〈遊女の一人〉は本当に〈相方〉になるのであって、〈相方のつもり〉になるのではない。しかし沢庵に「玉子焼き」というラベルを貼ったからといって、沢庵が玉子焼きに変身するわけではない。というより、そもそも沢庵の味しかしない実体に「玉子焼き」というラベルを貼ることは、言語規則に違反しているのである。「遊女」と「相方」、「雑音」と「音楽」とは、同じ実体について当方の態度次第で貼り替えられるラベルなのだけれど（だからこそ見立てによって新しい意味が実現するのだけれど）、「沢庵」と「玉子焼き」とはそもそも適用すべき実体が違う以上、そのような見立ては現実には〈ラベルの貼り違え〉〈モノの取り違え〉でしかない。ただし普通の取り違えとは異なり、「沢庵は沢庵」と承知の上で、取り違えたかのごとく振舞うのである（だから大家は「コラ、玉子焼きを食べるのにポリポリ音を立てる奴があるか」と叱ることができるわけだ）。

　こうして〈つもり〉の見立てにおいては、同じ「モノ」に両立できない二つの意味を重ね書きしているわけである。一つは現実界の存在としての〈沢庵〉、もう一つは想像界の存在としての〈玉子焼き〉。そして見立てを行っている時、人は専ら想像界の方を自分の関心の対象としているのである。このような見立てを《想像の見立て》と呼んでもよいであろう。そしてこれが《実現の見立て》と異なるのは、そもそも眼前のモノ自体が別のモノであるかのように（たとえば噛んでも音がでない物質でできているかのように）応接しつつ、それが想像物にすぎないと知っていることである。サルトル流に言うなら、眼の前の沢庵は玉子焼きの「アナロゴン（類同代理物）」である。パースなら「イコン」であると言うかもしれない。しかしここでいきなり想像力の現象学や記号論に立ち入ることはやめ、とりあえず次のことを確認しておくにとどめたい。すなわち、《実現の見立て》においては、遊客が見立てを行った瞬間、眼の前に〈相方〉が現前（present）するのに対し、《想像の見立て》においては、〈玉子焼き〉は現前するのではなく、「沢庵」によって表現（represent）されるにすぎない、ということである。言い換えれば、この時「沢庵」は〈玉子焼き〉を演じ始めるのだ、ということである。

　そしてこう言ったとたん、私たちは「演じる」ということが一般に見立てに支えられていることとに思い当たるだろう。もともと一人芝居である落語は、この見立てを最大限に利用している。落語家の手にする一本の扇子が、ある時は刀、ある時は煙管《きせる》、ある時は蕎麦《そば》をすする箸を表す。

私たちは、それが現実界では扇子と呼ばれているモノにすぎないと知りながら、刀のつもり、煙管のつもりで彼の仕草を追っているのである。そればかりか眼の前のじじむさい男を、ある時は花魁《おいらん》、ある時は殿様、ある時は若旦那と見立て、しかも話の進行に応じて瞬時にその見立てを切り換えているのである。

もちろんこの種の見立てはすべての演劇に共通している。どれほど写実的な演劇でも、観客は眼の前の空間が宮殿ではなくて板に描かれた書き割であることを承知しているし、台詞を語っているのがじつは悲運の王子ではなく現代の役者にすぎないことを知っている。しかし私たちはみんな承知の上でハムレットが自らの言葉を語っているつもりになるのであり、そしてハムレットに対するように反応する。反応するとは、この場合感動するということを含む。そしてなぜかこの感動は〈つもり〉ではなく、本物の感動である。

もう一つ類似のケースを挙げておけば、子供の「ゴッコ」遊びがそうである。チャンバラをする男の子たちにとって、風呂敷は鞍馬天狗の頭巾であり、棒切れは名刀であり、横町は街道であり、そして何よりも自分の肉体は剣豪のそれである。またリカちゃん人形で遊ぶ女の子たちにとって、デパートで買ってきた人形は「リカちゃん」という名の少女とみなされる。「××ゴッコ」をしている子供たちは、現実をきちんと承知しながらも、態度変更を行って想像界を意識の対象とし、現実界を相手にしないのである。

「つもり」になるとは、想像力によって眼の前にあるものの意味を全て書き換えてしまうことである。沢庵が玉子焼きに、書き割が宮殿に、人形が人間にと、意味のラベルが貼り換えられる。

すなわち〈つもり〉の見立てとは世界を書き換えてしまうことであり、私たちは現実界よりもこの想像界を自分の居場所として振舞うのである。もちろんこの場合も私たちは現実の（あるいは本来の）意味を取り消してしまったわけではないから、正確には、一つの実体（ないし時空）に対して二つの世界を重ね描きしていることになるだろう。そして想像界の方はいつでも取り消しができるし、また実際取り消してしまうのである。芝居がはね、人形を片づけたあと、人は再び現実界に戻るのである。まるで夢からさめるように。

言外の意味

さて言語上の「見立て」に目を向けるにあたっては、やはりまず俳諧に敬意を表さなければならない。俳諧用語の「見立て」は、句作の様式の一つである。松永貞徳《まつながていとく》の一門（貞門）がとくに好んだという。その貞門の俳書『毛吹草《けふきぐさ》』は「可宜《よろしかるべき》句《く》体《たい》之《の》品々《しなじな》」の一つに「見たて」を挙げ、例句として、

苔むしろ色やさながら青畳
軒のつら丶は更に下げ針

などを引いている。「苔むしろ」を「青畳」に見立て、「つらら」を「下げ針」に見立てたのが句

の趣向というわけである。

この句作法は、まず主題となっているもの（苔むしろやつらら）とよく似た特徴を持つもの（青畳や下げ針）を思いつき、それを並べて提示する、というものである（「さながら」とか「更に」といった類似関係を明示する語は必要条件ではない）。読者が「なるほどよく似ている」と納得するなら、一応見立ては成功したと言える。つまり、貞門俳諧の言う「見立て」とは、類似の発見と提示を趣向とする句体のことである。

ところで、類似の発見とか類似の提示とは、古来隠喩論で語られてきたことである。アリストテレスは比喩《メタポラ》を論じて、詩人とは類似を発見する者であると言った。誰でも思いつくような類似を利用しているうちは詩人ではない、誰も思い当たらなかったような類似を見出すのが詩人だというわけである。たしかに私たちは日常会話でも隠喩を結構多用しているが、たいていは使い古されたパターンに依存している。また右の見立ての例句が一向に感心した出来栄えでないのは、類似の着想が安易であるからと考えれば説明がつくように思える。

しかし隠喩の働きが類似の発見や提示にあるとする説は、凡庸な隠喩の説明には有効であるとしても、私たちをはっとさせるような隠喩を説明するには適当でないと考えられるようになった。最近の隠喩論の主流は、隠喩を新しい認識のための思考装置とみなすものである。この方向を決定づけたのはマックス・ブラックの、もはや古典ともなった隠喩論（『モデルと隠喩』第三章「隠喩」）である。

ブラックは、旧来の隠喩論を「代替説」とその一変種である「比較説」に整理し、これに対して「相互作用説」を唱えた。代替説とは、隠喩を定義して「Aという語を用いる代わりにBという語を用いること」などと説くものである。比較説とは、「AB両者の類似を提示するもの」と説くものである。ブラックはこの両説を否定するわけではなく、凡庸な隠喩の場合には却ってこれらの説が妥当なケースのあることをことわっている。実際、婉曲表現の隠喩、たとえば「あな恋し今も見てしが山がつの垣ほに咲ける大和撫子《やまとなでしこ》」*などの場合、「大和撫子」は「娘」の代替にすぎない（換喩*はたいていそうだ。たとえば「ちょっと手洗いへ」）。また『毛吹草』の「見立て」の句例を見ると、比較説がよくあてはまるように思える。たとえば「軒のつらは更に下げ針」などは、〈つらら〉と〈下げ針〉の形状の類似を思いついたという以上の趣向はない（江戸時代の「見立絵」はこれを絵でやって見せたものである）。

では相互作用説とはどういうものか。ブラックは従来の隠喩論のほとんどが隠喩的に用いられた単語（右の歌なら「大和撫子」）に専ら関心を限定していることを批判し、その語をとりまく文の全体に注目する。そして本来の意味とは異なる用法を担わされている部分を隠喩の「焦点」と呼

あな恋し…ああ恋しい。今また会いたいと思う。山辺に住むあの身分いやしい者の娘に。（山がつの垣に咲く花で山がつの娘であることを暗示する。）

換喩…「二本差し」で「侍」を、「汗」で「努力」を表すように、二つのものの結びつきの強さを利用した比喩。今日比喩は「隠喩」（メタファー）と「換喩」（メトニミー）の二つに集約して考えられることが多い。人がAという言葉でBを連想できるのは、ABの間に類似ないし近接の関係があるためであり、類似によるものが隠喩、近接によるものが換喩というわけである。

び、その前後にあって「焦点」の文脈となっている部分をその「枠組」と呼ぶ（たとえば「歯ぐきは、歯の大地」という文なら、「大地」が焦点、残余が枠組となる）。そして隠喩という現象を、焦点と枠組の相互作用として捉えるのである。

ブラック説のもう一つの要点は、隠喩フィルター説とでもいうべきものである。彼は、隠喩的な文には二つの主題があるとする。たとえば「あいつは狼だ」という文なら「あいつ」が第一主題、「狼」が第二主題というわけである。「狼」の語は一般に〈肉食〉とか〈凶暴〉とか〈貪欲〉といった〈狼〉にまつわる通念を連想させる。この連想された観念の体系をフィルター（色めがね）として〈あいつ〉を見る時、〈あいつ〉について〈凶暴〉とか〈危険〉とかいった見方が生まれる。つまり第一主題について、ある特徴を強調し、他の特徴を見えなくすることが隠喩の働きだというのである。

このブラックの隠喩論は二つの点で重要であった。即ち、隠喩現象とは目に立つ一語（規範的用法から逸脱した部分）だけが問題なのではなく、コンテクストとの関係にあるのだということ。そして隠喩は別の語の代理物ではなく、それは一組の意味の体系（〈狼〉にまつわる観念体系）として、第一主題に対する「物の見方」を規制するのであるということ。前者によって隠喩論は語の理論から言述の理論となり、後者によって意味の理論から認識の理論への展開を用意したと言ってよいであろう。そして現代の隠喩論の多くはこのブラック説の継承ないし対決を通じて展開されていると言って過言ではないから、私たちもとりあえずこれを土台として話をすすめよう。

リクールも『生きた隠喩』で強調するように、語の意味と言述の意味の間には決定的な違いがある。それは、語の意味が言語規則によって定まっているのに対し、言述の意味とは発話者がその場面で「言わんとしたこと」だ、という点にある。前者が世界をどう分類するかの約束事であるのに対し、後者は発話者の「あることについての思念」である。この「あること」とは、発話者の関心の焦点である。志向対象と言ってもいい。この、発話者がそれについて何事かを述べようとする「あること」を、ここでは「話題」と呼ぶことにしよう。聞き手は、発話者の「言わんとしたこと」を知るためには、まずこの「話題」を共有しなければならない。そして「狼」から連想される観念の体系のうち、この話題に適するものだけが言述の意味に「関与的」である。従って「狼は耳が長い」などという通念は排除される。この「話題」を決定するものこそ、「あいつは……だ」という「枠組」に外ならない。この枠組が別の形をとる文章では話題が異なり、それゆえ同じ「狼」の語でもその隠喩的意味が異なってくることがあるだろう。

しかしここで問題を広げるために二つのことを指摘しておかねばならない。一つは「話題」を決定するものは「枠組」だけではないということである。たとえば「あいつは狼だ」という文の場合、その「話題」は〈あいつの女性への振舞〉であるかもしれないし〈あいつの食事の仕方〉であるかもしれない。その確定のためにはさらに前後のコンテクストが必要である。二つ目は、「話題」をたよりにもう一つの意味を解釈することは《隠喩》に限らないということである。文字通りに受け取ったのでは発話者の「言わんとしたこと」がわからないような言述、つまり「言外の意味」をもつ言述一般に共通のものである。この二点について示唆的なのはP・グライスの言語行為論である。

そもそも会話というものは共犯的作業であって、互いに会話として体をなすように努力しなければ成立しない。一方が「今何時ですか」と聞いているのに他方が「今日はいいお天気で」と応えたのでは会話にならない。つまり人々はある暗黙の原理に従って会話を交わしているわけである。この原理をグライスは「協力の原理」と呼び、次のように定式化した。

「現行の話し合いにおいて合意済の目的または方向が当座の場面に要求しているものを提出する、という形で会話に寄与せよ」（「論理と会話」）

簡単に言えば、会話の際に当座の話題から外れたことを言うな、ということである。ここで大事なことは、相手がこの「協力の原理」を守っていることをあてにできる、ということである。従って、隠喩や反語などの婉曲なあるいはひとひねりした表現に出会っても、これは当座の話題に関する台詞のはずだ、という前提のおかげで、相手の「言わんとしたこと」が解釈できるわけである。グライスは次のような例をあげている。

AとBの共通の友人であるCが今銀行で働いている。AがBにたずねる。職場でCはうまくやっているだろうか。するとBがこう答えたとする。「上々だと思うね。彼は同僚のことを好きだし、それにまだ刑務所に入ってないよ」。この言葉はCの近況報告としてはいささか奇妙に見える。しかしAはBが「協力の原理」を守っていると信じている。とすれば、この言葉はAの提出した話題に沿ったものであるはずだ。そこでAはこう解釈する。「Cは同僚からは好かれていない」「Cは公金に手をつけかねない」等々。こうして「協力の原理」は言外の意味を伝える基盤となる。また、それはひねった言い方だけでなく、《言わない》ことさえもその手段となる。再びグライスの例を引こう。

哲学教師の職を求める学生のために教授が推薦状を書く。しかしその文面が「X君の英語力は優秀です。また個人指導の時間にも無欠席でした」というものであったとする。受け取った方はどう解釈するであろうか。この推薦状が話題とすべきはXの哲学教師としての資質である。それについて全く触れていないとは、言外に「Xにはその資質がない」と語っていると解釈するのである。文の表面にある話題はXの英語力と実直さである。しかし読み手は文の背後に本当の話題を求め、そこに関心の焦点を絞ることによって、言外の意味を構成するのである。

グライスの「協力の原理」の説は、私たちの関心からはこうパラフレーズしてもよいだろう。お互いに了解済みの話題と文の表面の意味とが矛盾する場合、話題が変わったとは考えず、むしろ文面の背後に元の話題に適合するような意味を求めるのが解釈の定石である、と。

隠喩的言述の解釈はこのような「話題」をめぐる「言外の意味」の解釈の一ケースであると言えるだろう。ブラックの言う隠喩の「焦点」とは話題との矛盾が集中的に生じている箇所であり、「枠組」とは話題に沿って普通に（比喩などの修辞なしに）語っている部分である。

そして話題を決定するのは「枠組」だけではないことも確認しておこう。グライスの手紙の場合のように、その文が書かれた事情が決め手となることさえあるのだから。それは広い意味でのコンテクストなのである。たとえば「太らしてから、使う」というコピーの場合、これが豚を話題にするものではないと私たちが判断するのは、広告主が銀行であるからだ。銀行が一般の消費者に向けて発信した文であるからには、その話題は預金とかローンとか、一般消費者に対する銀行業務に関わるものであろうと、まず見当をつける。次に、「使う」の語が隠喩的ではなく、文字通りの意味で用いられていると見て、話題は「預金」に関わるものであろうと、その範囲を絞りこんでゆく。

「あいつは狼である」のように「あいつ」という主題の語が表面にでている場合はともかく、「太らしてから、使う」のような場合には、読者がまず行わねばならないのは話題を探し出すことである。そして「枠組」は、話題の絞りこみの最終段階で決定的な役割を果たすのである。いったん話題を摑んだ読者は、専らこの話題にのみ関心を集中する。そしてこの話題について一貫した意味を構成しようとする。その過程については、ブラックのように、話題と直接には関わらないと見える語（焦点・第二主題）の連想させる意味体系から適当なものが選ばれ、主題に関する記述として言述の解釈にとりこまれると言ってもよかろう。しかし連想可能な膨大な含意の中から何を選択するかは、グライスから学んだように、話題にとって関与的か否かが基準となるのである。

このように見てくると、隠喩の解釈とは、前節で見た演技に対する想像の見立てと構造の似ていることがわかる。観客や読者（つまり解釈者）にまず表面的に与えられているものは、それ自体として解釈するかぎり意味をなさない（たとえば、落語家が扇子を上下に動かしているといった振舞）。観客はその背後に想像的にある話題を意識している（蕎麦を食べる）。そしてこの話題に意識を向け、そこに一貫した意味の世界を構成しようとする。これによって、前景の動作（扇子を動かす）は後景においていかなる意味をもつか（箸を動かす）が解釈される。前景の動作が意味しうる多様なものの内、話題にとって有意味なものだけが拾い上げられるのである。落語家はいちいち「これは箸です」などと説明はしない。ただ観客に当座の話題が何であるかだけは確実にわかるように話を進めている。つまり、想像の見立ても、隠喩（および言外の意味の一般）の解釈も、対象は前景後景の二重構造をもち、後景に話題があり、意味理解をもとめる意識はこの話題を志向し、一貫した意味の解釈はこの話題に基づいてなされるのである。

さてそれでは話題に関して一貫した意味が解釈された時、隠喩の解釈は全て終了するのであろうか。そうではない。話題についていかなるストーリーを「言わんとした」かの解釈は確かに終わるけれども、発話者が隠喩を用いて「言わんとした」ことは必ずしもそれだけではないからだ。たとえば誰かが「A氏は豚だ」と言ったとする。聞き手は前後の文脈からA氏の容姿が話題であることを知っている。そこでこの言葉は「A氏は肥っている」ということだと解釈する。ストーリーの解釈は終わる。しかしなぜ話し手は「肥っている」と言わないで「豚だ」と言ったのであろうか。二つの言い回しは、ストーリーは同じでも異なる効果をもつからである。それは一般的通念としての〈豚〉というものへの軽い侮蔑の念がA氏に向けて転移される、ということである。発話者は〈自分はA氏を豚として見ている〉というのがもう一つの言外の意味なのである。しかし、この意味は聞き手にとって明瞭にはA氏を見ている〉ということなのだ。つまり〈豚に対する態度、気分などがA氏に対しても生じる〉というのがもう一つの言外の意味なのである。しかし、この意味は聞き手にとって明瞭には意識されない。なぜなら聞き手の意識は話題のみを志向しているからである。その意識はA氏の容姿について一貫した意味を解釈することに向けられていて、この話題から外れたことは意識に上らないのである。しかし自覚はされなくとも、この豚に対する念は伝えられる。「A氏は豚だ」

という言葉を聞いた時、聞き手は一瞬A氏に対する軽侮の印象を持つはずである。そう、このもう一つの言外の意味は、概念や表象としてではなく、一種の印象、気分、態度といった形で伝えられるに留まり話題に関するストーリーの構成要素とはならないのである。しかしこのもう一つの意味の伝達こそ、隠喩を用いる理由ではないだろうか。そしてA氏に対する見方を変えるのは、話題について語られたストーリー（A氏は肥っている）ではなくて、このもう一つの意味の方ではないだろうか。

「あいつは狼である」という例文に戻ろう。この例文は文脈が十分でないため、話題が絞りこめない（だから今「A氏は豚だ」という文を使ったのだが）。しかし仮に前後の文脈から、この文のストーリーは「あいつは自己の利益のためには容赦なく他人を犠牲にする凶暴な男だ」というようなものであるとしよう。これを意識上で構成すれば話題についての意識の次元での解釈は終わる。しかし、狼というものに対し私たちが一般に持っている嫌悪・恐怖等々の感覚が〈あいつ〉に向けて転用されなければ、隠喩の本当の解釈は終わらない。そして実はこの転用は、ブラックの言う所とは異なって、「狼」の含意体系の中から「凶暴」という概念を取り出して行われるのではない。それは言葉にすれば「凶暴」とでも名付けるしかないような、狼に対する私たちの印象・気分を〈あいつ〉に対して転用することなのである。その印象を言葉にする時、私たちは「凶暴」といった語を思いつく。しかし転用の現場ではそのような概念は用いられていない。言い換えれば転用されるのは「狼」から「連想された観念」としての「凶暴」ではなく、「狼」から「喚び起こされた印象」であり、それに対する私たちの身構えや態度である。そのような私たちの身構えや態度の転用が、この隠喩の意図する効果なのである。そして、「あいつは凶暴だ」という意識の上での解釈は、むしろこの態度変更の言語的説明にすぎない。この隠喩が〈あいつ〉についての見方を変えるとすれば、それは「凶暴」の観念によるというより、このような態度の変更によるものというべきであろう。

「太らしてから、使う」という広告文もまた、〈預金を増やす〉ということに対して新しい態度を喚起することを目的としている。〈豚の飼育〉という話題を前景に持ち出すのは、この話題に対する態度を預金に対して転用させるためである。このコピーを読んで私たちはいつの間にか『預金は増やしてから使う』方がよい」と感じている。この「方がよい」の部分は、話題についてのストーリーの解釈の中にはないものである。従って〈感じている〉だけであって、意識的にそう考えているわけではない。つまり『　』の部分は話題を志向する意識が自覚的に構成した解釈であり、「　」の部分は非自覚的に生じた態度である。

では作品の場合はどうか。ごく単純な例として、『毛吹草』から見立ての句を拾えば、

散る花は音なしの滝といひつべし　　昌意

「と言ひつべし」の語があるから隠喩ではなくて直喩ということになるが、見立てという点では変わりがないから、そういう区別だては無視する。この句の話題が「散る花」にあること、それも和歌俳諧を通じた日本の文学的伝統における「散る花」にあることがまず見てとられる。解

釈者は、そのような花の世界を話題として志向する。滝のイメージにつきものの、両側の切立った岩などは、この話題に関わりがないものとして排除される。ただ音もなく落下する水しぶきの白い広がりが、降りそそぐ桜の花びらのイメージに重ね描きされる。話題内の解釈としては（それは言語的に捉えられるわけではないが、あえて言葉にすれば）〈桜の花が激しくまっすぐに散り落ちてくる〉というようなものである。ストーリーの解釈はこれで終わる。その中に〈滝〉という観念は含まれない。しかし前景の音もなく落下する滝のイメージはそれで消えるわけではない。いやイメージは消えるとしても、それが私たちの内に喚び起こした戦慄するような印象は消えないであろう。その構えが落花のイメージに対して適用される。花は、私たちを戦慄させるような姿をもって降りしきり始めるであろう。そのような印象をもつものとして「花」を発見することが、つまり「花」について新たな見方を作り出すことが、この見立ての句の効果である。

ブラックもまた、「話題」それ自身がある種の態度をもたらすことは気がついていた。彼は、戦争をチェス用語で記述すれば戦争がいささか非人間的に見えてくる、ということを指摘しているからである。チェスというものが一種数学にも似た冷たい抽象的合理性をもっているため、戦争をチェス用語で記述すると（つまりチェス「仕立て」にすると）その数学的冷たさが戦争に転移して見える。もちろんこれは逆も可能であって、チェスを戦争用語で記述すれば、チェスは殺伐で凄惨なものに見えてくるかもしれない。話題には各々特有の色あいのようなものがあり、それに従って私たちの話題に対する態度は同じではない。だからAの話題に用いられる仕立てをBの話題に用いれば、Aに対する態度をBに対して転用するという効果が生じる。それは新鮮な視覚を作り出すこともあれば、衝突する二つの態度の隔たりに滑稽感やナンセンス性を作り出すこともある。たとえばあるアナウンサーは、友人宅に招かれた時、料理と給仕に奔走するその細君を「過激」なプロレス用語で描写して、同席の者の腹の皮をよじらせたという。

戦争をチェス用語で記述するというのは、ある語彙の体系を別の語彙の体系で置き換えることであって、語の隠喩というよりシステムの隠喩とでもいうべきものである。しかし態度の転用という効果は、もちろん語の隠喩によっても生じる。人間を狼に喩えることは、狼についての「通念の体系」を連想させるだけでなく、狼に対する態度を喚び起こすのである（隠喩は一見意味が通じなくとも文字通りに解すべきだという説がそれなりの説得力をもつのは、文字通りに解さなければこの態度の喚起が生じないからである）。

仕立てと見立てとが密接な関係にあることは言語の場合に限らない。たとえば先に見たように、ケージの『四分三三秒』は「演奏会」という仕立て（コンテクスト）を与えることによって「雑音」を「音楽」に見立てること、つまり「音楽」を聴く態度で「雑音」を聴くことを要求するものであった。仕立ては、見立ての生起ないし伝達のための仕掛けともなるのである。しかしここではその話題は棚上げし、もっと大事な話題、即ち見立ての解釈としての態度変更とはいかなるものかについて考えなければならない。

見顕し

沢庵を玉子焼きの「つもり」で取り扱う《モノの見立て》と、「滝」という語によって〈散る花〉を表す《言葉の見立て》とは、いずれも表面に与えられているものの背後に想像的に一貫した意味を構成するものであるけれども、両者は位相を異にする。なぜなら見立てという行為に際して目の前にあるのはその行為の出発点（「A→B」のA）であるのに、言葉は常に結果（「A→B」のB）を表すからである。

たとえば花見をしている長屋の連中にとって、目の前にあるのは沢庵であり、その想像上の意味が〈玉子焼き〉である。しかしそのような見立ての結果、

「この頃は歯が悪くなって、玉子焼きはよく刻まねえと食べられねえんで」

と言う時、表面にある言葉は見立ての結果としての「玉子焼き」であって、聞き手の想像すべき意味が〈沢庵〉である。前景と後景とが逆転している。つまり、「つもり」の見立てでは志向対象は〈玉子焼き〉にあり、そのために「沢庵」というモノを「玉子焼き」の代わりに用いているのだが、長屋の住人の台詞は逆に沢庵を話題にしており、それゆえ、「玉子焼き」という語を「沢庵」の代わりに用いているのである。この逆転が生じるのは、モノの見立て（沢庵→玉子焼き）の結果を言葉にする（「玉子焼き」と言う）ためであり、これを聞く私たちはその言葉を逆にモノに見立て返さなければならない（玉子焼き→沢庵）からである。

もっとも落語は言葉の仕掛けのからくりを逆手にとり、言わばそのからくりを露呈させること

によってナンセンス効果を意図するものだから、例としては適当ではないかもしれない。右の長屋の住人の台詞の場合、これがおかしいのは同じ「見立て」を維持しつつも、肝心の話題がすりかわっているからである。大家の決めた当初の約束事からゆけば、人々の話題は虚構の「ぜいたくな花見」の世界に属するものでなければならないのに、彼は「貧乏人の花見」という現実から話題をとっている。言い換えれば、長屋連中の「つもり」ゴッコに加わるなら「沢庵」というモノを媒体として〈玉子焼き〉を話題とすべきであるのに、彼は「玉子焼き」という言葉を媒体として〈沢庵〉を話題にしている。このためにせっかく大家が仕組んだ《沢庵→玉子焼き》という見立ての仕掛けそのものが表に出てしまうのである。

和歌の作者が行うのは「つもり」の見立てではない。とはいえ見立ての結果としての言葉から、読者がもとの見立てられたものを探りあてねばならないことに変わりはない。形式的に言えば、モノの次元で「AをBとして」見立てた結果、語「B」が語られる時、私たちは言葉の次元では「BをAとして」解釈しなければならない。たとえば、

冬ながら空より花の散りくるは雲のあなたは春にやあるらむ＊　清原深養父《ふかやぶ》

冬ながら…冬なのに空から花が散ってくる。きっと雲の向うはもう春なのだろう。（詞書に「雪のふりけるをよみける」とある。）

この歌の上句に注目してほしい。文字通りに解することもできる文である。寒椿とか枇杷《びわ》の花なら話の筋は通るからだ。しかし多少和歌を知る人なら、この「花」は桜であると反射的に考えるだろう。ある文を和歌として読むとは、既に一つの話題の世界を前提することであり、その世界では「花」は寒椿ではありえないからだ。しかし「花」を〈桜〉とした途端、この文は文字通りには解することのできないものになる。冬に桜は咲かないからである。かくしてこれは隠喩的な文であるということになる。解読は容易であって、誰でもこの「花」（即ち「桜」）は〈雪〉を指していると思い当たるだろう。もちろん作者は〈雪〉について語っているのである。実景であったか想像であったかはわからないが、彼は雪というモノを（あるいは〈雪が降る〉というコトを）取り上げて、これを花というモノ（あるいは〈花が散る〉というコト）に見立てたのである。しかし彼はただ「花」という語を用いて「雪」の語を用いない。つまり見立ての結果だけを記述して、見立ての生成を明らかにしない（役者が自らを「ハムレット」として振舞い、落語家が扇子を「箸」として扱う時には、見立ての生成、つまり意味の塗り替え作業は眼の前で行われている）。読者は「花」を（あるいは〈花が散る〉というイメージを）前景として、後景に〈雪〉を見なければならない。

作者の見立てとは逆方向に行われるこの解釈行為を、歌舞伎用語を借りて、「見顕《みあらわ》し」と呼ぼう（「見顕し」とは仮の姿の向うに正体を見てとることである。たとえば「助六」実は「曾我五郎」）。つまり、見掛けは「花」、実は「雪」という見立ての構造を見破ることが「見顕し」である。しかし「花」が実は「雪」のことであるというだけでは、この歌は辻褄があわない。下句に「雲のあなたは春にやあるらむ」とあるからだ。作者はあくまでも空に散るものを〈花〉として扱っているのである。それゆえ読者も「花」は〈花〉のことであるとしなければ、上句と下句を結び付けることができないのである。この「花」が同時に〈雪〉であり〈花〉であるという仕掛けをもつ文を、首尾一貫した意味をもつものとして解釈するには、後景に合理的な意味を構成するだけでは足りない。ではどうするか。「〈雪〉を〈花〉として見る」という作者の見立てをそのまま踏襲することである。この「見立て」という物の見方をとることによって、この歌は雪の歌であると同時に花の歌となる。即ち、「雪を花として見る」ことによって生ずる春への憧憬が追体験可能となる。だから「見顕し」とは、Bという記号が実はAという記号の代用であるという暗号の理解ではないのだ。それは「AをBとして見る」という見立ての原行為そのものの共有化なのである。

もっと素朴な方が例としてはよいかもしれない。

春雨のふるは涙か桜花ちるを惜しまぬ人しなければ*　大伴黒主《おおとものくろぬし》

いささか演歌じみた比喩で恐縮だが、仕掛けはしごくわかりやすい。春雨を涙に見立てたわけ

春雨の…春雨が降っている。これは誰かの涙であろうか。人はみな桜の散るのを惜しんでいるから（その惜しむ涙が春雨になったのであろう）。

である。ここで作者が求めているのは「涙」を「春雨」として解読することでもないし、「散るのを惜しむ気持」として解読することでもない。なにしろどちらも既に言葉の上に表れているのだから。解釈とは「涙」を別の言葉に置き換えることだという考え方はここでは具合が悪いのである（「別の言葉」というのを「連想される観念の体系」と言い換えても同じことである。要するに旧来の代替説もブラックの相互作用説もうまくあてはまらないことさえ認めていただければよい）。結局私たちがしなければならないのは、「春雨を涙に見立てる」という物の見方そのものの獲得である。それは「涙」に対する態度や身構えをもって「春雨」を見る、ということである。たとえば私たちは人の涙を見る時、そこに何か共感すべき情動があるのを認める。そして知らぬ間に私たちは、その人の思いに共感しようとして身構え、ある種の悲しみを分け持とうとする。実際、しばしば私たちは（単なる思い込みの一人相撲にすぎないことも少なくないとしても）「もらい泣き」などしてしまうのである。そしてふだん私たちが決して春雨につられて涙の雨を降らせたりしないのは、涙と雨に対してはこの身構えがもともと違うからに外ならない。物に応じて、物の見方は異なるのである。ところがこの歌の要請する「見顕し」とは、「春雨」を見るのに「涙」を見る見方を転用することである。これは「AをBとして見る」ことではあるけれども、意味の塗り替えではない。言わば意味の塗り方そのものの取り替えなのである。当然意味は変わってくる。しかしそこに生ずるのは雨を雨の見方で見た意味でも、涙を涙の見方で見た意味でもなく、雨を涙の見方で見た意味であり、それ故全く新しい意味が生じることになる。そしてこの場合の「意味」とは概念表象ではなく、むしろ物の美的意味、本居宣長風に言えば「物事の味」といったものである。「春雨」というものが私たちに訴える印象と言ってもよい（天を擬人化して考えれば、私たちが共感すべき天の情動ということになる）。それを仮に「もの悲しい」という言葉で形容してもよい（もちろん正確ではないが）。春雨を眺める作者のもの悲しい気分から生じたある種の春雨の見方がこの歌を生み、そしてこの歌は私に「春雨」を「もの悲しい」ものとして見る見方を教える。この時、春雨が「もの悲しく」見えてくるとは、私の内にも全てを「もの悲しく見る」という態度ないし構えが生じてくるということである。そしてそれはとりもなおさず、私が「悲しさ」を体験することである。これによってはじめて作者の伝えようとした「桜を惜しむ気持」がどういうものかが体験できるであろう。隠喩をいくら意味論的に解釈しても、この気持が追体験されぬうちは、この歌の解釈が終わったとは言えないのである。言い古されたことだが、和歌の解釈とは（そして一般に芸術の解釈とは）体験に外ならないと、もう一度繰り返しておこう。和歌の隠喩はそのような体験を生じるための物の見方を私たちに示しているのである。

こうして「見顕し」は「見立て」の生成を追体験する。つまり、春雨が涙と同じものに見えてくるような主体の態度を実現する。読者は（おそらく作者がそうしたように）春を惜しむ共感の現れを春雨に見出すのである。春雨はもはやいつもの春雨ではなく、春を惜しむ私に優しく応えるもの、正確に言おうとすれば「涙」としか言いようのないものとして立ち現れる。

このような物の見方の変更という事態は「見顕し」の特徴であって、落語などの「つもり」の見立てにはない。「つもり」の見立てにおいて、志向的意識は後景の想像的構成に向かい、前景は棚上げされてしまうだけである。しかし見顕しにおいて、意味統一を求める志向はやはり後景に向かうけれども、前景は「として見られるもの」として残るのである。見立ては「AをBとして見る」ことであり、Bという認識対象を得れば終わるが、見顕しは「AをBとして見る」行為を再現するのであり、その「として見る」という認識形式を得るに至るのである。

枠組みの変更

私たちは読者の側の「解釈」行為としての「見顕し」を問題にしてきたが、ここで作者の側の「見立て」を問題にしなければならないだろう。「春雨」を「涙」に見立てることは、一人の遊女を相方とする実現の見立てでもなければ、沢庵を玉子焼きとみなす想像の見立てでもないからである。

たとえば、夜道を歩いていると前方に巨大な影が動いていたとする。よく見ると柳が風に揺れているのである。しかしそれは単なる柳というより、何か生き物のような不気味さを感じさせる。私はその物の辞典上の名前が「柳」であることを知っている。しかしそれを「柳がある」と述べるだけでは自分の今の「感じ」にてらして何やら不正確に思う。植物を分類するためなら、私はためらいなく「柳」と言うだろう。しかし今私に不気味な感じを与えているこのもののありようは、それでは伝えられない。そこで適切な言葉を探したあげく、(あまり適切ではないが)「お化けのような柳がある」とか「そこにお化けがいる」とか言うことになる。つまり「柳」を「お化け」に見立てるわけである。この例から何が見てとれるだろうか。

第一に、「見立て」は言葉になって初めて生じたものであって、私にもともとあったのは言葉以前のある不気味な存在だ、ということである。「見立て」は言語化のための苦しまぎれの方便なのである。ということは、「見立て」の言葉が語られているとき、私は〈柳〉を〈お化け〉と間違えているわけではなく、むしろ違うことを承知で〈柳〉を〈お化け〉として見るふりをしているのである。というのも、「お化け」という言葉が、私の見ているものを言い表すのに最も正確だと思えたからである（佐藤信夫氏の言うごとく「レトリックとは、コードにさからってまですなおな表現をめざすこと」なのである）。だから見立ては、私の経験の中身ではなく、言語表現のための演技なのである。

第二に、このような「見立て」としての言表は、既成の言語規則に対する不信、少なくともその不便の証拠である。そしてこの場合言語規則とは、ある物についていかなる名称を与えるかという規則のことであるから、認識の規則と言って差し支えない。規則に従えば、私は〈それ〉を「柳」と種《しゅ》の名称で呼ぶことができる。その上位クラス（類）である「木」と呼ぶこともできる。もちろん「植物」と呼ぶこともできる。これは博物学的な分類基準によるものである（その他、様態や用途に応じて「植木」とか「並木」とかいろいろあるだろう）。ただし「猫」とか「動物」と言えば、これは「カテゴリー間違い」とされる。つまり物の分類が規則に外れているというわけである。確かに通常の会話でこの規則に従わなければ、私たちは大いに不便をきたすだろう。私たちは、認識のための分類規則を共有しているからこそ、何事かの認識を言葉によって伝えうるのであって、これが混乱すれば「今朝猫が芽吹いてね」といったわけのわからない話になる。

しかし、私がただ「柳がある」と言うことをためらったのは、この分類によって得られる認識は今私が「言いたいこと」と関わりがないと思えたからである。私の語ろうとした〈私の経験〉は、ある異様なものが目の前に立ち現れたということであり、そのモノが博物学上いかなる分類をうけているかは、とりあえずはどうでもよいことなのである。この時「言いたいこと」は一種の認識であると言っても差し支えないであろうが、それは〈柳であって松ではない〉といった種類の認識ではないのである。

従って問題は分類の基準に関わるだろう。博物学的分類の基準は、物の客観的特徴である。厳密には遺伝子ということになろうが、一応物の外形上ないし機能上の特徴による分類であると言ってよい。この分類に従って語ることは、「何」について語っているかを容易に相手に了解させるので通常は便利である。しかし私が今語りたい〈それ〉は、どのような客観的特徴をもつかが問題なのではない。問題なのはそれが私に与えている主観的な印象であり、必要なのはそのような印象をもつものとしての〈それ〉を表す言葉である。「柳」という命名は〈それ〉に博物学的な意味を与える。しかし私は〈それ〉に別の分類基準による意味を与えたいと思う。私は〈それ〉に対し命名をやり直さなければならない。つまり、世の中の〈もの〉たちを不気味なものとそうでないものに分類しなおし、さまざまの〈不気味なもの〉(種)を集めたグループ〈不気味なもの一般〉(類)に名前を与えなければならないのである。この新しい〈類〉についてはもちろん既成の名前はない。しかし、この〈類〉に含まれる他の〈種〉の中には既に名前のある場合がある。その一つが「お化け」である。そこで私は「お化け」という名前を借りてくる。つまり

〈それ〉を、新しい〈類〉の名前で呼ぶ代わりに、「お化け」と呼ぶのである。

これはアリストテレスの比喩論を思い起こさせるであろう。彼は『詩学』で比喩を四つの型に分類し、その一型として、同じ〈類〉に属する二つの〈種〉が喩えるものと喩えられるものになる場合をあげた。「柳」と「お化け」とは、まさに同じ〈類〉に属する二つの〈種〉である。しかし私たちが今確認したことは、この〈類〉はこの言表以前には存在しなかったものだということである。つまり、比喩とは、二つの種の関係を語るというよりも、新しい類の設定を提唱するのであり、さらにそれは新しい分類基準の採用によって世界を見ることを提唱するのである。私たちは世界について多くの「客観的知識」をもっている。しかもその知識はかなり体系的でさえある。これを百科辞典的知識と呼ぶなら、「柳」を「お化け」と言う時、私は百科辞典には載っていないような「知識」を語っているのである。なぜなら、百科辞典がのっとっている分類基準は「客観的」なものであり、それゆえ「柳」と「お化け」とは決して同じ類に分類されることはないからだ（語の意味素を分析して、その分有・包摂関係から比喩を説明する議論もあるが、これでは百科辞典的知識の枠内にあるものしか説明できない。たとえば「柳」に〈怖い〉という意味素はない）。

「春雨のふるは涙か桜花……」の歌で、春雨は涙に見立てられている。春を惜しむ作者（これは現実の黒主と考える必要はない。歌の「語り手」として設定された者である）にとって、その時の春雨を単に「春雨」と記述することは不十分であった。彼に与える感性的特徴から、それはむしろ〈涙〉と同じ類に属すものだったのである。あるいは、典型的な比較説の成り立つ歌、「もみぢ葉を風にまかせて見るよりもはかなきものは命なりけり」*（大江《おおえの》千里《ちさと》）では、〈紅葉〉と〈命〉とが同じ〈はかないもの〉という類に属することを語っているのである。

分類の基準に百科辞典的なものと非百科辞典的なものがあるとすれば、百科辞典的分類による見立てはないのであろうか。これについては、ある、と答えておこう。たとえば「お盆のような月」。しかしこれは百科辞典的知識（月は円い）を説明するためにもう一つの百科辞典的知識（お盆は円い）を援用することであり、和歌にも多用されてはいる（露と涙、花と白雲）が新鮮な衝撃を与えることは稀である。それでも「露」や「白雲」にはまだイメージの美しさがあるが、題材を《俗》にもとめる俳諧では、意外な類似の発見という機知の外に取柄はない。貞門俳諧の「見立て」がたいていつまらないのはこのためである。

非百科辞典的分類法とは、客観的知識ではなく、主観的な知識によるものである。客観的知識とは、認識規則を与えられれば機械的装置によっても得られるような知識、言い換えれば人間の脳を認識のためのコンピュータと考えた時に得られるようなデータの体系である。百科辞典は、あたかもこの世に一人も人間がいなくとも成立する知識であるかのように書かれている。一方、主観的な知識とは、ただ人間の態度としてのみ成り立つようなものであり、むしろ知というよりは印象とか体験というべきものである（美的体験はその一つである）。

たとえば、眼の前の柳や春雨が私の心を動かす。私は物に対し「心を動かす」という形で反応している。この反応が私自身に自覚される時、柳や春雨は、私に対して一つの「意味」を持ったと言ってよいであろう。しかしこの「意味」とは、私の「心の動き方」（言葉にすれば「不気味な」

とか「もの悲しい」という大雑把なことになるが、私の捉えているものはもちろんもっと精妙なものである）に外ならない。本居宣長の用語法に従うなら、この「心の動き」は「あはれ」ないし「感」である。即ちこの時私が採る分類法は「もののあはれ」の分類である。その分類基準は、これも宣長の語法に従うなら、「物事の味」である。そして、もし誤解されなければ、これを「美的意味」と言い換えてもよいであろう。即ち、和歌における見立ては、事象を百科辞典的に分類するのではなく、美的意味に従って分類し、その分類によって世界を見直すことを読者に求めるのである。物の見方の変更とは、カテゴリーの切り直しに外ならないが、それはこの場合カテゴリーの作成基準を日常のものから美的なものへ切り替えることなのである。そしてこのカテゴリーの切り直しによって生ずる意味は、百科辞典的知識の一部として書きこまれるようなものではなく、ただ読者がその態度を維持している間だけ持続する、美的意味（「もののあはれ」）なのである。

ところで非百科辞典的意味は、美的意味だけではない。私たちがある物や事に対してとる態度は、必ずしも「もののあはれ」を感じて心を動かすというものではないからである。その一例として、「太らしてから、使う」というコピーがもたらす態度変更を思い起こそう。それは「預金」というものに対する私たちの対応の変更を目的としている。それは、「増殖する利益への期待」とでもいうべきものを私たちに喚び起こす。そのような〈期待をもたらすもの〉というのがこの

もみぢ葉を…風にさからえず散ってゆく紅葉を見るとはかないものだが、それよりも人の（自分の）命ははかないものだ。

コピーの提起するカテゴリーである。

別の例をあげよう。最近最も成功したといわれるコピーの一つに「おしりだって、洗ってほしい」という東洋陶器の、何というか、例の臀部洗浄器の広告がある。このコピーのしかけは、省略部分を括弧に入れて書き直せば「おしりだって、（顔や手のように）洗ってほしい」となるように、「おしり」を「顔」や「手」と同じカテゴリーに属すものとして扱っている点にある。

まさにこれは、「おしり」を「人並み」に扱うという見方を提示したものである。つまり、「おしり」を「顔」や「手」と同じカテゴリーに入れることを要求している。考えてみればこれはもっともな話で、これまで別のカテゴリーに属するかのごとく（平たく言えば「差別」して）扱っていた方がおかしいのである。このコピーは、それまで「紙で拭けばたくさん」と考えていた（いや考えることさえしなかった）人々に「おしり」への差別を自覚させたもようである。そして少なくとも、「おしりを水で洗うこと」に対して「顔を水で洗うこと」や「手を水で洗うこと」と同じ態度をとること、つまり〈ごく当たり前の身体部位清潔化の手段〉として分類し直すことが消費者の間に生じた。こうして、それまでいかがわしい雰囲気が匂っていたこの商品を、正当な生活用品として認知させることに成功したのである。消費者は昔ほど恥ずかしい思いをせずにこの商品を店先で問い合わせることができる。

作者の仲畑貴志は、国の内外で賞を取りまくったあのサントリーの子犬のＣＭを差し置いて、これを自分の代表作としているそうだが、その理由は、それまで社会に認知されていなかった商品をコピーの力によって認知させることに成功した、と自負しているためである。言い換えれば彼は、「見立て」のレトリックによって、物の見方を社会的規模で変えることに成功したのである（「社会的規模」で成功したのは、もちろん「社会的規模」で宣伝したからだが。そしてこの種の物の見方の変更は「社会的規模」でなければ、つまり「他人も同じように見方を変えただろう」と信じられる規模で行われなければ効果は薄いのだが。商品の認知がまだ「社会常識」ではないと思われる内は消費者もなかなか大きな声で買いにくいものだ）。

要するにこのコピーは「おしり」が「顔」や「手」と同じカテゴリーに属することを再確認することによって、「おしり」を〈恥ずかしいもの〉から〈恥ずかしくないもの〉へ、その洗浄を〈異常なこと〉から〈正常なこと〉へと二重の分類のやり直しを行ったのである。

他のコピーを検討すれば多分さまざまなパターンが見つかるだろう。しかしコピーは一般に商品（また企業そのもの）への好意的態度を目的とするものであるから、大雑把にこう言っておくことにしよう。即ち、コピーにみられるように、非百科辞典的な分類法には、ある物が私たちにとって有する価値のあり方を基準とするものがある。それには〈損―得〉〈浄―汚〉〈正常―異常〉〈恥―誇〉〈満足―不満〉等々のケースがあるだろう、と。

この分類基準と先ほどの美的基準（主観的印象である「物事の味」）との区別はかなり微妙である。しかし一つだけ目印となりそうなものがある。それは、コピーのもたらす態度変更は現実界における意味の書き換えであり、それゆえ読了後もその態度は持続する（少なくともそう意図されている）。ところが和歌解釈時の美的な態度変更は、一般に想像的なものにとどまり、それゆえ演劇の見立て同様、本を閉じると取り消されてしまうのである。なぜなら、コピーの指示している話題は現実界に属しているのに対し、芸術作品が指示しているのは想像界にのみ構成されるものだからである。昨夜お化けにみえた柳が翌朝にはもうただの柳でしかないように、「花」と命名された雪は、ただ和歌を読むあいだのみ存在するのであって、読者がふと目を上げれば窓の外に降る雪は、ただの雪にすぎない。それでは和歌の見立てはその場限りで消えてしまう、泡に映った映像のようなものなのであろうか。いや、そうではあるまい。最後にこれを考えよう。

もう一つの世界

人は見立てによって世界への構えを変更し、想像界を意識の志向対象とするのだが、これは一時的なものである。また、見顕しによって物の見方を変更し、ある物に別の物の見方を転用するのだが、これも一時的なものである。芝居が終わり、本を閉じれば、人は現実を相手に再び日常の生活を始める。しかし和歌の見立ては、二つの形で後に影響を残すことがあるだろう。

一つは歌の話題が現実界に属するものであるために、見立てによって生じた物の見方や物の意味が、現実の事象に適用される場合である。たとえば、

身まかりなんとてよめる　　藤原惟幹《これもと》

露をなどあだなるものと思ひけんわが身も草に置かぬばかりを＊

草に置く露のはかなさに我が身の生のたよりなさを喩えたものである。つまり露を見るように我が身を見ることによって人生の無常を感じることが、この歌の解釈である。そしてひょっとしたら、それまで自分の生のはかなさについて考えたこともなかった読者が、この歌によって初めて無常のなんたるかを実感するかもしれない。この、自分の生についての無常感は、そのあとまで持続することが可能である。その結果、この人は現実の「人生」についての見方を変えてしまうかもしれない。

ところで「身まかりなんとてよめる」という詞書が示しているように、この歌が指示している話題の土俵はもともと現実世界のものである。つまり和歌がもともと現実界について語っていると解される場合には、コピーの場合同様、読者が現実の事象について態度変更することがありうる。もちろんこの歌は、想像界のものとして解されることも可能である。というより、たいていの人はこれを想像界の話題にとどめ、実際の我が身にあてはめることなどしないだろう。それがふつうの和歌の読み方である。だが釈教歌（仏教の教えを説く歌）という歌の分類があることからもわかるように、現実界の態度変更を求める歌があったことは認めねばならない（言うまでもないことだが、和歌が現実界を指示しているからといって、常にそれについての見方の変更を求めるとは限らない。あの多くの恋の贈答歌は背後にはっきりと現実に進行している恋のいきさつが

露をなど…いままでなぜ自分は露のことを、すぐに消える頼りにならぬものと考えてきたのだろう。そういうこの身も、人の命のはかなさを考えれば、草の上にはないというだけで、露と違いはないものを。

あったけれども、そこで用いられる隠喩は単なる代替であることも多い。たとえば先にみた「あな恋し今も見てしが山がつの垣ほに咲ける大和撫子」）。

見立てによる認識の一時的変更が後に影響を残す可能性としては、もう一つの形の方が重要である。それは想像界が一作品だけでは終了せず、他の作品がそれを受け継いで次々と同系の事象を産出してゆく場合である。この時何世代にもわたって送り出された作品群が、一つの巨大な想像界の体系を作ることになるであろう。まさにこれを行ったのが、日本の「歌の道」であった。

たとえば「冬ながら空より花の散りくるは……」の歌は〈降る雪〉を〈散る桜〉として見るものである。一方紀貫之の「桜散る木の下風は寒からで空に知られぬ雪ぞ降りける*」は〈散る桜〉を〈降る雪〉に見立てたものである。素性の「春たてば花とや見らむ白雪のかかれる枝に鶯ぞ鳴く*」は〈積もる雪〉を〈枝の桜〉として見るものであり、紀友則の「み吉野の山べに咲ける桜花雪かとのみぞあやまたれける*」は〈枝の桜〉を〈積もる雪〉と見るものである。こうして和歌世界においては、花と雪とは交換可能なものとなるであろう。同様にして、満開の桜は白雲に、散る桜ははかない人生に関係づけられる。つまり和歌世界の「桜」は現実の桜よりもはるかに多様な美的意味を帯びることになる。そして、この「桜」の美的意味は見立てによるだけではない。たとえば「ひさかたの光のどけき春の日にしづごころなく花の散るらむ*」（紀友則）といった歌は「桜」の一つの美的な味わいを確実に形象化し、その美的意味を「歌の道」の財産に繰り込んでゆく。こうして歌道に参入した者にとって、「桜」という語はそれだけで、はちきれんばかりの美的含意を後光のごとく背負っているのである。そして彼は、この和歌世界の「桜」の意味を現実界の桜に投影することができる。つまり、現実の桜を和歌世界の桜に見立てるのである。この時眼前の桜は、古人たちの感動した美的意味の全てを満身に着飾って、輝くばかりの美しさをもって立ち現れるであろう。藤原俊成はその歌論『古来風体抄《こらいふうていしょう》』で、花や紅葉の美しさも歌というものがなければ人は知ることがなかったろうと説いた。花の美しさが人に歌を詠ませたのではなく、歌が人に花の美を教えたのだというこの自負は、『古今集』以後三百年の歌道の歴史に支えられている。そして「歌の道」という概念をうちたてたのも俊成であった。一首の和歌は、一つの想像の断片であり、泡の如く消えてしまうかもしれない。しかし「歌の道」となった想像界は、既に現実に拮抗しうるほどの確かな〈もう一つの世界〉であり、そこでは花も紅葉も百科辞典的意味ではなく、ただ美的意味のみによって存在している。美的意味による体系的世界が、人々にとってもう一つの共有された世界（共同幻想）となる時、それはほとんどもう一つの客観的世界に等しい。人はこの世界における物の見方で眼前の花を見、月を見、紅葉を見る。それらは輝くばかりに美しいであろう。再び宣長の語法を借りるなら、それが「もののあはれを知る」ことである。

桜散る…桜が散る木の下に立つと、風は少しも寒くはないのに、どうしたことか空には雪が降っている。
春たてば…雪の白く積もっている枝に鶯が鳴いている。暦が立春を迎えたので、雪を花だと思っているのだろう。
み吉野の…吉野山に咲く桜の花は雪が積もっているのかと見誤ってしまう。
ひさかたの…日の光ものどかなこの春の日に、桜の花ばかりが落ち着きもなく、次々と散り急いでいくようだ。

百科辞典を引っぱり出して「ああ、これは八重桜だ」と見ることではなく、ただ「ああ、美しい」と見ることが「もののあはれを知る」ことであるが、人は和歌によって「もののあはれを知る」ことを学ぶのだというのが宣長の考えであった。

現代人はしばしば伝統和歌の発想のワンパターン、趣向のマンネリを言い、個性のなさを責める。しかし古人が求めたのは孤独な「個性」などではなく、何百年にわたって築き上げられてきた「歌の道」に参与し、その世界に新たな要素を一つでも付け加えて、この世界の拡大に貢献することであったとしたらどうだろう。彼らにとって、この詩的想像界が現実界と同じくらい重要な、そして同じくらい確かな存在感をもった世界であり、むしろこの想像界の見方を投影することによって、初めて現実の月や花が美しく立ち現れ、人生の哀れが見えてくるのであると考えていたとしたらどうであろうか。現実界は次第に想像界と重ね書きされ、つまり現実の事象が想像の事象に見立てられ、世界は美的意味に満ちたものとして立ち現れるであろう。日本の歌人にとって、「歌の道」とは、おそらくそのようなものであった。

三　姿――見得を切る言葉

月もおぼろに白魚の、かがりも霞む春の空
――河竹黙阿弥『三人吉三《さんにんきちさ》廓《くるわの》初買《はつがい》』

姿と心

元禄十四年（一七〇一）三月、私怨を抱く一大名が江戸城内で禁を破って抜刀し、殺人未遂の結果切腹を言い渡された。三月は桜の季節である。彼は次のような辞世の歌を詠んだと伝えられる。

風さそふ花よりもなほ我はまた春のなごりをいかにとやせん＊

これが本当に浅野内匠頭《たくみのかみ》の作だとすれば出来すぎで、にわかには信じられないほどだが、ここ

風さそふ…思いもかけず風に吹かれ、散らされてゆく桜の花は口惜しいだろう。しかしそれ以上に（今死を与えられている）私は、別れねばならぬ春への思いをどうしてよいのかわからないのだ。

でそんな詮索は意味がない。むしろ大事な歴史的事実は、日本人がこれを内匠頭の辞世として解釈してきた、ということにある。人々はこの歌から内匠頭の心中を思いやって大いに感動してきたのである。御覧のとおりこの歌は、死に追いやられた自分を風に散らされる花に見立てている。擬人法の逆で、擬花法とでも言うべきか。なんにせよ《見立て》の歌の一例である。ではこの見立ては読者の解釈にいかなる効果を与えているのだろうか。読者が予め忠臣蔵事件を知っているものとして考えてみよう。

当然ながら読者の意識が解釈にあたって志向する話題は、理不尽ないきさつから自死に追いこまれた浅野内匠頭自身の運命に関わる。それゆえ後景に構成される意味は、〈死を命ぜられた私にとって、この世に未練が残る〉というものであろう。一方言葉によって前景に与えられている意味は〈風に散らされる花にとって、春のなごりが惜しまれる〉というものである。しかしこの前景は、後景の認識にいかなる視点を与え、いかなる意味を生じさせるだろうか。言い換えれば、単に「この世に未練が残る」と言う代わりに「春のなごりをいかにとやせん」と言うことによって、内匠頭の遺恨と無念がいかに強く、あるいは具体的に感じられるようになるであろうか。恐らく、この点についての効果は、ない。読者がこの歌に内匠頭の胸中を深く思い遣るのは、むしろ《忠臣蔵事件》というコンテクストの知識によるものであって、風に散る花への見立てによる効果とは言い難い。読者にとって、歌のもたらす〈春のなごり〉のイメージよりも、実在の事件を背景にした〈この世のなごり〉の観念の方が、はるかにインパクトは強く、それゆえ〈散る花〉という比喩が〈人の死〉の悲痛感を強めていると説明するわけにはゆかないのである（人の死を無常の一例として諦観するためなら花への見立ては確かに有効と言えるけれども）。いや仮にこの歌が忠臣蔵と無関係であったとしても、辞世の歌であるとさえ知れば、私たちは作者の心を思い遣って感動できるであろうが、それは前景のいささかのんびりした桜のイメージよりも後景に構成される〈死〉についての観念によって生じたものであろう。つまりこの歌の「花」の語は、「あいつは狼だ」における「狼」のような認識上の機能を持っていないのである。それどころか花のイメージは、〈死〉という事柄の強烈さをむしろ曖昧にぼかす作用を持っているとさえ言えるであろう。

それではこの歌は「風・花・散る・春……」という意味系列を前景に持ち出すことによって失敗したのであろうか。むしろ「我・死・世を惜しむ……」という話題を表す語句を直接に列ねるべきだったのであろうか。私たちの直観はそれを否定するであろう。私たちはこの歌を作品としては凡庸であると認めてもいい。しかし、辞世の中でも有名な在原業平の次の歌と比べてみよう。

つひにゆく道とはかねて聞きしかどきのふけふとは思はざりしを＊

おそらく多くの読者は、内匠頭の歌が少しも業平の名歌にひけをとらないと感じるであろう。

つひにゆく…（死出の道は）最後には行かねばならぬ道とは前から聞いてはいたけれども、まさか昨日今日のこととは思っていなかったのに（今行くことになってしまった）。

むしろ業平の作の方に歌として何となくぎこちない感じを受けるのではないだろうか。そして並べてみるとよくわかるのだが、内匠頭の歌にいかにも歌らしい洗練された感じがあるのは、ひとえに「花」への見立てのおかげであるし、業平の歌が散文めいて歌らしくないのは言い回しに何のレトリックもなく、じかに内容が露出しているためである。

「死」という、人間にとって最も心を揺り動かす話題さえも、歌となるためには花への見立てを必要とするということ。しかもそれは、死についての認識を弱くこそすれ、死についてより感動的な見方を作り出すわけではないこと。これらのことから私たちは、和歌における見立ては必ずしも認識形式の転換のために採用されているわけではないことを認めねばならないだろう。では、それは何のためか。結論から言ってしまえば《姿》のためである。

歌と「ただの詞」とを区別するものは《姿》の有無である。それはどういうことか。たとえば私たちは、誰かの話す言葉を聞き、数分後にこれを思い出して記録しようとする時、何を正確に再現しようと努めるであろうか。《内容》である。《言い回し》ではない。しかも実は、言い回しの方は思い出そうとしても正確には憶えていないものである。私たちは人の言葉を聞く時、ふつうその内容を確実に理解しようとして、その言い回しの方にはあまり注意を払わない。だから「何を言ったか」は憶えているけれども、「何と言ったか」は憶えていないのだ。これが「ただの詞」を使用するさいの特徴である。言い換えれば、言葉は意味を伝える透明な媒体であって、私たちの意識はじかに意味に触れているように感じている。だから意味内容は記憶にとどまるけれども、言葉の形はとどまらない。思い出したものを言葉に表そうとすれば、自分でもう一度言葉の形を作り直さなければならない。そしてこの時、内容さえ同一であれば、媒体の形は違っても構わない。所詮媒体は透明な手段であって、意識にとどまらないのだから。

しかし歌の場合は事情が逆になる。正確に再現すべきものは言葉の形の方である。「確か内容はこういうことなんだけれど、言い回しはわからないな」と言う人は、その歌を憶えていないとみなされる。私たちが知りたいのはその歌の言葉の形であって、その人の解釈した内容ではない。つまり、歌はまず言葉の形としてあって、内容とはそれが意識に喚び起こしうる多様な可能性の一つにすぎない。言い換えれば、言葉の連なりはこの時透明な媒体ではなく、それ自体一つの《姿》をもつモノとして私たちの前に現れるのである。業平の辞世が歌らしくないのは、言葉がじかに意味を私たちに伝えてしまうように思えるからである。意識が言葉の形を素通りして直接内容に向かってしまう。これは「ただの詞」の特徴であって、和歌の本意ではない。要するに業平の辞世は、言葉の連なりが「歌」として存立するための《姿》を十分にもち合わせていないのである。

歌は、歌であるために、まず言葉の形として人の意識にとどまらなければならない。そのためには、歌の言葉は一つの姿をもたねばならない。そしてそのためには、作者は言葉に《あや》という工夫をこらさなければならない。ではその《あや》にはいかなるものがあるだろうか。本居宣長は言葉を「歌」と「ただの詞」に分けた時（この二分法自体は伝統的なものである）、「あや」の有無をその徴標としたが、彼の考える「あや」はまず五七五七七の音型であった。確かに和歌に限らず韻律の定型は、言葉の形を目立たせるものであって、古今東西の詩歌に見られる特徴である。また対句のように同型の構文が反復される時も、言葉が一つの型に従って組み立てられていることが明らかになる（同様のことは身体の動作にも見られる。たとえば舞台上で一人の人間が行っている時恣意的に見えた動きが、二人同時に同じ動きをしてみせると予め決められた振付に従っていることが明らかとなり、その動きが「型」として見えてくることがある。また舞踊家が一人でも、同じ動きを反復してみせる時、それは無意味偶然の動きではなく「型」として見えてくる。「反復」は「型」の存在を示す。というより「反復」によって「型」が切り出されるのである）。しかしここでは五七五等の音型の、《姿》における重要性を認めた上で、先に進もう。内匠頭の辞世に話を戻す。

内匠頭は深く考えて「花」への見立てを行ったわけではないだろう。多分彼は、日本の歌詠みの伝統に従ったにすぎない。ある意味で、この歌はかなり安易に作られているとも言える。人の死を散る花に見立てる趣向も、「風」「花」「春」などの語彙も、和歌の常套の範囲を出ず、はっきり言って陳腐なものである。もし独自性とか創造性ということを作品評価の基準に持ち出せば、この歌はかなり辛い点をつけざるをえない。しかし、この歌が結構人を感動させることができるのは、内匠頭が「独創性」などと余計なことを考えず、伝統的な作法におとなしく従って詠んだからに外ならない。即ち言葉遣いの《雅》であること、そして〈切腹〉という殺伐な事件を〈散る花〉に見立てたこと。この二つはいずれも歌の《姿》の《雅》となることを助けるであろう。ではこのような手法はいつから和歌作法として自覚されたのかと振り返れば、またしても日本の歌論の原点である『古今集』仮名序に立ち帰らなければならない。

紀貫之は『古今集』仮名序で和歌を定義して、「心に思ふことを、見るもの聞くものにつけて言ひいだせる」ものであるとした。「心に思ふこと」が作者の「言わんとしたこと」であるとすれば、「見るもの聞くものにつけて」とは、本居宣長のパラフレーズを借りれば、「耳に触るゝ風の音虫のねに託《ツケ》てこれをのべ、或は目にふるゝ花のにほひ雪の色によそへてこれをうたふ事」である。つまり和歌とは、言いたいことを率直に表すものではなく、何か別の事象に付託して語らなければならないというのである。実際、恋や死など、人間の事柄を主題としながら、そこに生じた思いを表すのに、花鳥風月等の自然の景物を引き合いに出すという手法は、『古今集』の目に立つ特徴であると言ってよい。

作者の「言わんとしたこと」（歌論用語に言う「心」）は、単なる恋や死のいきさつではなく、それの喚び起こした情動であったり、それに対する見方であったりするだろうが、いずれにしても描写できるような明確な形をもったものではない。一方「見るもの聞くもの」とは具体的な知覚の対象である。とすれば貫之の要請は、割り切った言い方をすれば、無形の内容を語るのに、有形の物象を引き合いに出せ、ということである。

有形のものが語られる時、私たちはそのイメージを思い浮かべる。そのイメージを前景として、後景の話題について何事かを認識する、というのが前章で見た《見立て》の機能であった。しかしこのイメージは、音の型などと共に、歌の《姿》の要因となるのである。《姿》とは、ある意味連関が後景に《内容》として構築される以前に読者に受け取られるもの、いわば理解される前に知覚されるものである。そして私たちが歌に見出す価値には、理解された内容の深さと、知覚された姿の美しさの、二面があるのだ。

貫之は『古今集』仮名序の後半で有名な六歌仙の批評を行う。その批評法の特徴は両面作戦にある。即ち歌の表層に属する「ことば」「さま」と、内容に属する「こころ」「まこと」「身」と、二つの面から価値判断を行うのである。たとえば、僧正遍昭《へんじょう》は「さま」は良いが「まこと」が少ない、在原業平は「心」は十分だが「ことば」がそれに追いつかない、逆に文屋康秀《ふんやのやすひで》は「ことば」に巧みだけれどもその立派な「さま」にくらべて「身」（内実）が及ばない、等々。これを見れば貫之は、内容たる「こころ」のよしあしと、表現の外形である「ことば」や「さま」のよしあしという二つのものさしを使い分け、しかも二つの価値尺度を同じ比重で扱っている。一方が他方に従属してはいない。つまり前景と後景とは、それぞれ独立した尺度によって評価すべき作品の二つの面なのであって、前景は後景のためにあるわけではないのである。

貫之の「さま」は後に「姿」と呼ばれた。貫之の三百年の後、即ち中世初頭、この「姿」をことに重視したのが藤原俊成である。彼の著したただ一つの歌論書『古来風体抄《こらいふうていしょう》』（「いにしへよりこのかたのうたのすがたの抄」）に言う。

「歌はたゞよみあげもし、詠じもしたるに、何となく艶にもあはれにも聞こゆることのあるなるべし」

また彼は、歌合の判などでは、作品批評のついでに自らの和歌観を披瀝することがあった。たとえば、

「（歌は）たゞよみもあげ、うちもながめたるに、艶にもをかしくも聞ゆるすがたのあるなるべし」

（『民部卿家歌合《みんぶのきょうけうたあわせ》』跋文）

「（歌は）もとより詠歌といひて、たゞよみあげたるにも、打ち詠じたるにも、なにとなくえんにも幽玄にもきこゆることのあるべし」（『慈鎮和尚《じちんおしょう》自歌合《じかあわせ》』十禅師跋文）

用語は多少ちがうけれども、彼が執拗に繰り返しているのは、たった一つのことである。和歌を鑑賞するとは、しっかりと解釈し綿密に内容を把握した上で感動する、などといったものではない。また縁語・掛詞を駆使した複雑巧緻な組立を感心する、というようなものでもない。歌会で誰かが歌を読み上げる、あるいは節をつけて朗詠する。ただそれだけで「何となく」得られる印象、つまり音の調べやイメージの重層としてまず立ち現れる「姿」の味わいこそが大切だ、ということである。

そもそも「すがた」は『日本書紀』や『万葉集』に「儀」「容儀」「光儀」などの字をあてられているように、人の外見を表す語であった。ただし容貌にはふつう「かたち」を用い、「すがた」は服装や振舞などによる全体的な印象を指した。腹の中が黒かろうが頭の中が空洞であろうが、身なりを整え、姿勢を正していれば、それは立派な「すがた」なのである。「姿」の語を和歌に用いるようになった時、歌を人間になぞらえるという意識がその根底に働いていたであろう。人に内面の心と外面の姿があるように、歌にも心と姿がある。そして、人間の姿がそれ自体で品位や風格や美しさを持って自立しているように、歌の姿もそれ自体で品位や風格や美しさを持つというわけである。つまり、歌人たちが歌の外形について、「さま」よりも「姿」という擬人的な言葉を用いるようになったということは、歌の外形が、内容を運ぶための単なる媒体ではなく、人の身体のように一つの統一的全体として自立していることの自覚の表れであった。私たちはある「人」を見て「姿」を知り、話して「心」を理解する。同様に私たちはある「ことば」の連なりから、「姿」を直観し、「心」を解釈する。しかしこの場合も、姿を知るのに心を知る必要はない（たとえ姿は既にある程度心を反映することがあるとしても）。しかも「心」は、意識が解釈という働きを行わねば捉えることができないのに対して、「姿」は出会いの瞬間に直観されるものである。「心」の理解はそのあとから来る。

歌の場合、「心」の理解はまずストーリーの解釈から始まる。言葉を媒体としてある話題に関するストーリーを構成しようとする。この志向的意識の働きは、「姿」を十分に味わうのに妨げとなるであろう。それゆえ、まだ歌が音とイメージの流れにとどまり、後景についての解釈操作が始まらない時、つまり「たゞよみあげもし、詠じもしたる」時に、「何となく」知覚される「姿」の重要性を俊成は繰り返し語ったのである。

言葉が、「姿」にとどまって「心」を表す媒体ではない時、まだ統一的な意味を形づくらない言葉はいかにして私たちを惹きつけるのだろうか。数百年の和歌の伝統は既に無数の作品によって「花」や「雪」のイメージを豊かに色づけている。それら過去の想いに満たされた言葉は、音の調べという物理的な〈型〉に乗って私たちの前に現れる。それらは「姿」にとどまるうちは、まだ解釈によって一つの《内容》へと統合されてはいない。といって、〈型〉を持つ以上、もはや無意味に並んでいるものとは見えない。隠喩をもって言えば、それらの言葉は、どこかへ向かって歩くのではなく、そこにとどまって自らの舞を舞うのである。私たちが「姿」に見出すものは、その舞の出来栄えである。そして言うのである。あれは「幽玄」だとか、これは「艶」だとか。

再現と演示――演劇の場合

後景における何事かの認識のために前景が利用される時、前景は後景と類似するもの、ないし構造的に同一のものとして提出された。それゆえに「見立て」が成立したのである。しかし「姿」の強調は、前景後景の二重構造がもっぱら認識のための仕掛けであるという考えを疑わせる。そして私は「舞踊」の比喩を持ち出した。だが御承知の通りこの便利な比喩はヴァレリー以来多くの批評家に重宝され、今ではすっかり陳腐になってしまったものである。しかし誰もが重宝したということは、非言語的な身体の動きにも実は同様の事情があることを示唆しているのではなかろうか。そこで、ひとまず非言語的芸術の場合における前景・後景の関係を考えてみよう。

情報誌を開くと、東京では毎月数十の演劇公演がある。もっともその大部分は貧しい小劇団の興行である。『ハムレット』を見ようとでかけてみれば、上演の場所はビルの地下室で、低い天井から見苦しく吊り下がった照明器具の下でジーンズ姿の役者がハムレットやオフィーリアを演じていたりする。けれども私たちはそんなことには驚かない。幕が開けば(物理的には「幕」さえないことも多いけれど)私たちは眼前に展開するものの背後に『ハムレット』の世界を構成してゆくからである。私たちは前景の世界、即ちじかに経験している時間・空間・人物・行為の向こう側に想像の世界を重ね描きし、しかも当面この後景の世界だけを「話題」として志向することに決めているからである。

ところで、この時私たちは確かに「見立て」を行っているのだけれども、それでは役者のジーンズを王族の豪華な衣装に見立てたり、垂れ下がるスポットライトをシャンデリアに見立てたりしているのだろうか。そんなことはしない。ただ、無視しているのである。なぜなら、私たちが立ち会っている『ハムレット』の世界にとって、王子の衣装や宮廷のシャンデリアは不可欠の要素ではないからだ。というより、もっとはっきり言えば、無関係であるからだ。しかし終幕の試合の場面で、ハムレットとレアチーズの持つ細長い物体は〈剣〉に見立てられるであろう。それはハムレットを刺し、王を刺すために必要なものであるから。

もう少し極端に考えてみよう。もしハムレットもレアチーズも手に何も持たず、フェンシングの真似だけをしたらどうなるだろう。一向に差し支えあるまい。私たちが見立てによって認識すべきものは、〈剣〉というモノではなく、〈剣で刺す〉というコトなのだから。『ハムレット』の世界はそのようなコトの集積として構成されるのである。こうして私たちは最も極端な『ハムレット』の上演形態として、次のようなケースを想定することができる。——どう見てもデンマーク人には見えぬ日本人が、着流し姿で座布団の上に座ったまま、一本の扇子と一枚の手拭だけを小道具として、一人で全ての役を演ずること。実際これは落語家のやっている作業である。後景の世界を想像力によって構成するだけなら、モノマネという見立ての手段は、ずいぶん簡略化することができる。

しかし実際の演劇公演は、そのように簡略化されることは稀である。劇団は、予算さえ許せば、ハムレットにジーンズではない衣装を与えるだろうし、小道具は手間ひまかけてそれらしい贋剣を作るだろう。なぜだろうか。理由は二つ考えられる。

一つは、舞台上の出来事がモノマネであり、観客の認識が見立てによるものであることを忘れさせるためである。つまり観客に、あたかも事件の現場を目撃しているかのような錯覚をもたらすためである。舞台装置はできるだけ写実的に作られる。衣装も小道具も本物ないし本物そっくりのものが使われる。台詞も「芝居がかった」ものではなく、実際に喋られていてもおかしくない言葉で書かれる。演技もまた「芝居がかった」ものではなく、「自然」に見えるように行われる。観客は、実際にとり行われている他人の生活を覗き見しているような気がするだろう。これを目標とする演劇観は「第四の壁」理論と呼ばれる。演劇とは、現実の生活空間の三方の壁はそのまに、四番目の壁を取払って観客席に向けて開いているようなものであり、役者はこの四番目の壁があるつもりで、つまり観客などいないつもりで、ある人生を再現しなければならない、という説である。「見られていないつもりで」とは、要するに「芝居がかった」ことをするな、ということだ。こうして、「リアリズム」の演劇が生まれる。

このリアリズムの演劇は、まさに前景と後景の一致を目指したものであると言えるだろう。観客に見立ての想像力を要求せず、現実の目撃という錯視を与えようとしているのだから。

しかしこの錯視は絵画ほど完全には行われない。空間が仮設であり、人間が別の肉体を借りていることは隠しようがないからだ。私たちは暗がりで、描かれた葡萄を本物と間違えて手を伸ばすことはあるだろう。しかし舞台上の悪人を懲らしめるために舞台に駆け上がることは、普通ならありそうもない(昔あったという記録はあるが)。この点では映画やテレビの方が有利である。実際、映画はほとんどの場合、見立てを必要としないほどの迫真の描写的再現を行う。つまり観客が記録画映画による間接的目撃という錯視を起こすように作られている。　私たちはしばしばスクリーン上の人物が役者であることを忘れてしまう。

前景・後景の一致という点で、演劇はどうしても不利である。しかし逆にいえば、映画には「見立て」が許容されにくいための不自由がある。たとえば、演劇ではおかしくない「芝居がかった」台詞やしぐさは、映画では違和感を与えるのがふつうである。映画もまた、バルトが写真の特徴として語った「かつて、在った」という性格、つまり事実の記録として見られてしまうという傾向を帯びているからだ。

さてここまで何度か「芝居がかった」という言葉を使ってきたが、これは常に前景と後景の一致というリアリズムの演劇の理念に反するものであった。しかし、このような言葉が存在すること自体、「芝居」というものがもともと前景と後景の一致を必要としないこと、さらに言えば前景の過剰なものであることを人々が認めていた、ということではあるまいか。ここで、ハムレットの衣装が念入りに作られるもう一つの理由に話を進めよう。それは、いかにも北欧の王子らしい衣装を作る場合ではなく、全く独自のデザインを施される場合である。それはハムレット役者をより本物らしく見せるためではなく、むしろ衣装それ自体の存在を主張するかのごとく作られる。たとえば読者は、蜷川幸雄演出の『マクベス』が仏壇風の舞台に歌舞伎風の衣装で上演されたのを思い浮かべるだろう。そしてそもそも歌舞伎は、台詞・しぐさ・衣装等の全てにわたって「芝居がかって」いることを思い出すだろう。そこで歌舞伎を例にとることにしよう。

河竹登志夫氏によれば、一九六〇年ニューヨークで歌舞伎公演が行われた時、劇評家アトキンソンが「表現Presentationという言葉は、再現Representationの演劇である西洋の演劇からカブキを区別する鍵である」「人生の模写、再現を本質とする西洋演劇とはちがう」と『ニューヨーク・タイムズ』に書いた（『比較演劇学』）。presentとはその場に居合わせることとか、現物を目の前に差し出すことであり、representとはそこにないものを別のもので代わりに表すことである。河竹氏は西洋と日本の演劇を比較して、西洋の特徴が写実劇や再現劇つまりrepresentにあること、日本の特徴が様式性やスペクタクルつまりpresentにあることを精緻に説いているが（『演劇概論』、『舞台の奥の日本』）、ここでそれを紹介する余裕はない。要するに私たちの言葉で言い換えるなら、西洋の演劇は後景に構成される世界（筋・性格等）に重点があり、日本の演劇は前景（視覚的聴覚的効果）に重点があったということである。西洋演劇が戯曲中心であり、日本では役者中心であったのもこれと関係があるだろう。ところで、河竹氏は右の対概念を「表現」と「再現」とか「示現」と「再現」と訳されているが、ここでは「演示」と「再現」と呼ぶことにしたい。「再現」はつねに「何事かの再現」であるが、「演示」は既にそれ自体が「何事か」である。役者の演技はこの両面を持つ。演技そのものの直接的な「演示」と、演技を媒体とする間接的な「再現」と。再現される何事か、つまり「内容」は、観客の想像的意識が志向的に再構成することによって伝えられる。

たとえば『勧進帳《かんじんちょう》』を見るとしよう。弁慶を演ずるのは団十郎である。私たちは『勧進帳』の筋を追う時、団十郎を弁慶に見立てている。しかしふつう私たちの関心はそのストーリーを知ることにはない（筋は先刻承知である）。団十郎の「芸」にある。そして私たちの期待している芸とは、歴史上の人物の真に迫る再現ではなく、富樫《とがし》との問答における、また花道での飛び六方における、目の覚めるような演示にある。飛び六方を見る私たちは、それが〈弁慶の疾走〉を表すことを解読してもそれで満足するものではない。むしろそれがいかに華やかに、あるいは力強く演じられるかを問題にするのである。この時私たちは「飛び六方を弁慶の疾走として見る」というよりは「弁慶の疾走としての飛び六方を見る」のである。この時〈弁慶〉とそれが属する義経伝説の世界は、団十郎の演示のための口実にすぎない。なぜなら、〈弁慶の疾走〉という口実なしに「飛び六方」は演じられないからである。口実は演示に一つの「意味」を与える。浮遊する観客の志向的意識は、その意味を摑むことによって錨を下ろすことができる。つまり私たちは「何を」見ているかを知っていると安心しつつ、演示に対面することができる。さらに私たちは、その「何を」に関わる知識、たとえば弁慶の心理（喜び）や性格（忠誠心・豪傑）等を投影しつつ、その演示を味わうことさえできるのである。しかし大向うからの掛け声が「弁慶！」ではなく「成田屋！」であるのは、観客が本当は何を見ているかを暗示しているだろう。

能の場合も事情は変わらない。世阿弥は「舞歌」と「物まね」とが能の基本であると説いた。能もまた演劇である以上、前景と後景の両者が必要であるということだ。しかし、能においては、その物まねさえも様式化されてゆく。「自然」な「リアル」な動作というよりも「略図」のように単純化することによってその仕草を舞踊の一部のように扱うことができる。つまり物まねでありつつも演示性の強い演技となる。舞や歌については言うまでもあるまい。もともとそれらは物まねよりも演示のための手段である。世阿弥の能楽論の中心概念が、西欧の古典的演劇論にみられるような「筋」（ミュトス）でもなく「模倣」（ミメーシス）でもなく、「花」や「幽玄」であったのは当然であろう。それらは演示の効果についての概念だからである。

演技する言葉

さて、演劇における前景優位のケースを確かめたところで、言葉の問題に帰ることにしよう。歌舞伎に名台詞は数多いが、おそらく最もよく知られているのはお嬢吉三の大川端の独白だろう。とりわけ出だしがいい。

月もおぼろに　白魚の　かがりも霞む　春の空　……

ある学者がこれを「意味はわからないが美しい」と言った。ところがこれを捉えて別の学者が、意味不明ではないと次のように説明した。当時大川端では春の夜に篝火《かがりび》を焚いて白魚をとる。これが「白魚のかがり」である、と。言われてみればなるほど立派に意味が通る（そういえば『十六夜清心《いざよいせいしん》』にも「川中白魚船の場」というのがあり「落ちて行方も白魚の船の篝火に云々」の文句がある）。

七五調の口調のよさから、つい私たちは「月もおぼろに白魚の／かがりも霞む春の空」と受取ってしまうけれども、ここで「白魚の」と「かがり」の間を切るから統辞構造がわからなくなって

しまうのである。この文の組み立ては、

月もおぼろに（かすみ）
白魚のかがりもかすむ――春の空

という構造なのである。

実を言えば私もこの説明を読むまで、この一行の意味がわかっていなかった。しかし中学時代から歌舞伎に酔い、とりわけこの台詞が好きで暗唱していた私自身、この台詞の文意が明らかでないことに不都合を感じたことは一度もない。考えてみれば驚くべきことだが、それを不自然とも思わなければ、意味を知ろうとも思わなかったのは、おそらく「これはこれで完全」とでも考えていたにちがいない。そして意味不明のままこれを褒めた学者がいたと知った時、私はいささか心強い思いがした。名台詞に文意が通じる必要はないと考えていたのが私一人でなかったからである。しかも私は「白魚のかがり」の何であるかを学ぶことによって、この台詞が一層美しく感じられるようになったかといえば、別段そんな気はしなかった。どうやら「正しい解釈」を得ることは、名台詞を味わうのにたいして助けにはならないのである。それに『新古今集』あたりを開けば、文意の通じ難い歌はいくらもある。後鳥羽院が定家の歌を「心何となけれども、うつくしくいひつゞけたれば、殊勝のものにてあれ」と評しているのをみれば、当時から「意味はわからないが美しい」歌が認められていたわけだ。多分、名台詞が成立するために文が合理的に辻褄が合う必要はないとは、むしろ日本人にとって千年近く親しんだ考えではあるまいか。「月もおぼろに……」の台詞は、私にとって意味がわからぬまま十分に美しく、その意味で「完全」であった。

個人的な経験を一般化するのは反則と言われるかもしれないが、いちいちアンケートを取っている暇もないので、これは少なからぬ歌舞伎の観客の経験でもあるということにして話を進めよう。この経験からなにがわかるか。

第一に、言葉においても、人は前景だけで十分に満足し、後景の不在を気にしないことがある、という事実。

第二に、前景を「これはこれで完全」と捉える時、文の分節は意味よりも音のリズムに従うということ。つまり「月もおぼろに／白魚のかがりもかすむ……」ではなくて「月もおぼろに白魚の／かがりもかすむ春の空」と分節されるのである。そして実際の役者はたいてい後の切り方で読んでいる。そうしないと名調子にならないからだ。役者も（意味を知らないのでなければ）この台詞は前景の方が大切だと思っているのである。

こうして「月もおぼろに……」の台詞は後景に統一的に構成される意味ではなく、音のリズムとイメージの流れとしての前景によって、名台詞となりえているのである。私たちはこれを演示的な言葉と呼んでも構わないだろう。いわばこの台詞は、言葉によって「見得」を切り、「六方」を踏んでいるのである。

ここで俊成の言葉が思いおこされる。

「歌はたゞよみあげもし、詠じもしたるに、何となく艶にもあはれにも聞こゆることのあるなるべし」

この言葉は正確にお嬢吉三の台詞の性格を言い当てている。この台詞はその「姿」によって美しいのであって、「心」によるのではない。

また「歌はことわるものにあらず、調ぶるものなり」と断じた香川景樹《かがわかげき》に従ってこれを「調べ」と言っても構わない（「理《ことわり》」とは意味内容・論理などを指す。つまり歌はストーリーを再現するものではなく、「調べ」を演示するものだ、ということである）。もちろん「姿」と「調べ」は別のものではない。景樹自身「調べは即ち姿なり」（『随所師説』）と言っているのだから。

では「姿」とはいったい何か。もちろん「姿」の呼称は一種の隠喩であるが、その意味する所は誰でもわかるような気はする。全体的印象のようなもの、と言ってもまあ間違いとは言われないだろう。しかしそこから一歩踏み込んで考えようとすればたちまち困惑に陥るのである。そこで、ここでは景樹の「調べ」の方から入っていくことにしよう。「ことわるものにあらず、調ぶるものなり」という言葉は何を示唆しているか。「調べ」もまた、「理」同様、文の構成原理だということである。「理」によって文を構成するとは、文法に従い、意味論的規約に従ってある内容を組み立てることであり、たとえば「月もおぼろに」＋「白魚のかがりもかすむ」＋「春の空」と言葉を連結してゆく。一方「調べ」によって文を構成するとは、語調に従って「月もおぼろに白魚の」＋「かがりもかすむ春の空」と言葉を繋いでゆくのである。

ふつう私たちは意味の通らない文に出会った時、立ち止まってその「正しい解釈」を考える。

自分の内部でその組み立てが再構成できないうちは、その文を「完全」なものとして納得できないのである。それがこの台詞の場合、私が意味不明なまま「完全」だと思ったのは、別種の構成原理によって完全に出来上がっていたからである。私はそれを「理」ではなく、「調べ」によって構成されたものとして受取り、その出来栄えの見事さに酔ったのである。おそらく、私には初めからこれを「理」の観点からその組み立てを解釈しようという気がなく、従って意味不明を一向に意に介さなかったのである。

「理」によって構成される文を「ただの詞」、「調べ」によって構成される文を「歌詞《うたことば》」と言い換えれば、これは再び日本の歌論の伝統的な問題に立ち帰ることになる。七五調は、歌詞の構成原理としての調べの中で（宣長も第一に挙げたように）重要なものにはちがいないけれども、一つの要素にすぎない。そこで「ただの詞」と「歌詞」についてもう少し考えてみよう。

「ただの詞」とは、ある話題についてのある事柄（ストーリー）を伝えようとする記号である。発話者はそのストーリーを概念のシステムに解体し、その論理関係を一定の規則に従って記号化する。「Aが在る」「AはBである」「AならばBである」等々。受け手はこの記号を媒体としてストーリーを理解する。この時、言い回しの違いは問題にならない。たとえば「彼がこの本を書いた」と「彼はこの本の著者だ」はストーリーとしては同じである。受け手にとって言葉が透明な媒体となってじかにストーリーを受け取れるなら、言い回しの違いなど意識にのぼらないのである。

一方、「歌詞」においては、言い回しが主役となる。歌がストーリーをもつ場合、一応そのストーリーは概念の群に分解され、記号化されるのだが、その記号の配列（統辞）は論理規則に必ずしも従わない。つまり筋が通らない。「調べ」が統辞原理となるからである。言葉は見得を切り、六方を踏むのである。「調べ」の材料は音と意味しかない。作者は言い回しを工夫して、音と意味とが目に立つ演示をするように組み立てるのである。その組み立ての第一歩は、前景である言葉が透明な媒体ではなくなるように、言い回しそのものへ受け手の注意を向けさせることである（ヤコブソン風に言えば「メッセージへの焦点あわせ」である）。そのための統辞原理は言い回しに自立した〈形〉を与えることである。これは、言い回しがストーリーや文法ではなく、別の構造によって決定されていること、その構造自体が直接に（つまり前景のうちに）知覚されることを要請する。

構造が最も目に立つのは、言い回しの全体が一つの枠組みに収まっている場合である。それはふつう、ある〈型〉の反復としてある。というより、反復によって〈型〉の存在が知覚されるのである。音声でいえば、日本語の七五調がそうであり、英語やドイツ語の強弱、ギリシア語の長短、中国語の平仄《ひょうそく》がそうであり、多くの言語での押韻がそうである。韻律の規則は、言い回しの全体を一定の枠構造に従わせ、受け手はそこに言葉の形を知覚する。意味においては、対句がそうである。その拡大形として数え唄などもあげてもよい。内容の出来不出来はともかく、この枠構造がある時、私たちはそれが「ただの詞」ではないと感じる。そして言い回しそのものへと注意が向かうのである。

しかし、姿のよしあしを決するのは、むしろ音と意味の流れの形として与えられる構造であろう。しばしば詩が舞踊に喩えられたことと、景樹の「調べ」が音楽による比喩であることは偶然ではない。詩歌は時間芸術なのである。俊成が「歌はたゞよみあげもし、詠じもしたるに」と言うのも、詩歌は継起的に与えられるものであるという認識に基づいている（内容の解釈は全体を得てからでなければできない。しかし音と意味の流れは継起的に知覚される）。ここに、緩急とか、飛躍とか、中断といった構造が成立する。これらは、受け手の予期にどう対応してゆくかという問題でもある。

たとえば、冗長な文は緩く、簡潔な文は急いでいるように見える。そして簡潔な文の途中に冗長な文を交じえれば、そこに緩急が生じる。これが極端になると、全く無意味な句をはさむことになる。「半臂《はんぴ》の句」といわれる枕詞の使用がこれである。遍昭《へんじょう》が落髪して世を捨てた時の歌に、

たらちねはかゝれとてしもむばたまの我が黒髪を撫でずやありけん＊

「黒」の枕詞である「むばたまの」はこの場合意味の上からは無用の句である。しかしこれは意味の流れの急迫をいったん堰き止めて、いわば休止符のような役割を果たしている。景樹も「枕詞は調べをととのふる為の具なり」と言うように、「発話の意味」にとって無用の枕詞は、演示という観点からその機能を論ずることができるであろう。

たらちねは…（今私は僧になるために頭を剃ってしまったが）昔母が私の黒髪を撫でてくれた時には、こんなふうにしたいと思っていたわけではあるまいに。

ある話題を設定する時、使用される語彙の範囲はだいたい決まってくる。なかでも常套的に組み合わせられるものは「縁語」となる。「秋」といえば「鹿」「紅葉」といった類がただちに連想されるだろう。この範囲の語彙だけで歌を作れば、言葉の連絡は滑らかであるが意外性に乏しい。これを「親句」という。逆に、急に話題を転ずるような連結を「疎句」という。続く言葉の組み合わせが予期の内か外かで親疎が分かれるわけである。「解剖台上のミシンとこうもり傘」（ロートレアモン）などというのは疎句の極みと言えようか。徹底的に詞つづきのなめらかを狙うのも一つのスタイルだが、実は疎句に秀歌が多いとも言われている。いずれにせよ、これも受け手の「予期」とのかけひきによる緩急の効果である。

しかし和歌は、話題を転じながら疎句にならないという方法を開発した。即ち掛詞や縁語によって、景物の句と人事の句を結ぶ方法である。その一番単純なものに歌枕の利用がある。たとえば琵琶湖の白波と恋の執着を結んで、

淡海《あふみ》の海沖つ白波知らねども妹がりといはば七日越え来む＊

もう少し手がこんでくると、

立ち別れいなばの山の峰に生《お》ふるまつとし聞かば今帰りこむ＊　在原行平

話題は人事の「別れ」に始まるが、「去なば」が「因幡」となって景物の句に変わり、「松」が「待つ」となって再び人事の句に戻る。話題は二転三転するけれども、掛詞のせいで言葉の連絡に無理はない。含意はもっと精妙だが定家の「来ぬ人をまつほの浦の夕なぎに焼くや藻塩の身もこがれつつ」*の歌も同工である。そして、言うまでもなく、隠喩を用いて景物と人事の話題を重ね合わせることもできる。いずれにせよ、話題が景物から人事へ、人事から景物へと転換する時、歌の流れには飛躍が生じる。しかもその飛躍は完全な断絶ではなく、音なり意味なりによって関係づけられている時（つまり形の上では連続が保たれている時）、言葉の展開に一種の「ひねり」の効果が生じるのである。さらにこのように実質的には続く言葉の予期を外しながら、形の上では予期すべき条件を満たしているということは、意味ではなく形こそが統辞原理であることを受け手に確認させるのである（私見では、これは世阿弥の「花」にあたる。彼が「珍しきが花なり」と書く時、単なる意外性だけを意味しているわけではない。予期を超えつつもそこに一種の必然性が

淡海の海…あなたが何処にいるか知らないけれども、来いというなら七日かかっても山を越えて行きましょう。（近江の海の沖の「白波」は同音の縁によって「知ら」の語を引き出すための序詞。）

立ち別れ…私はいまあなたと別れて因幡の国に旅だちますが、あなたが私を待っていると聞けばすぐに帰ってきましょう。（稲羽の山は因幡の国にある。作者行平は八五五年因幡守となっているのでその赴任時の作といわれる。）

来ぬ人を…夕凪の松帆の浦では藻塩を焼いている。来ない人を待つこの身は恋の思いに焦がれている。（詳しくは五章一二九ページ以下を参照。）

感じられなければならない)。

私たちは、言葉の演示が舞台上の役者の演示とよく似ていることに気がつくであろう。リズムがあり、型の反復があり、展開の緩急がある。しかし役者の演示には、それ以前に型そのものの美しさや肉体そのものの美しさがある。言葉の場合にも同じことが言えるであろうか。ここで、本章の最初に内匠頭の歌から確かめたことを思い返そう。「風さそふ……」の歌が、作品としては凡庸ながら歌としては成功しているのは、〈散る花〉という常套のイメージの借用、及び雅語への語彙の限定によるものであった。おそらくこの常套のイメージの美は演劇における見得や六方の型の美に、歌の部材である語彙そのものの雅びは役者の容姿の美しさに相当すると言うことができるだろう。

言うまでもなく演示の芸術的効果は、型や容姿が美しいだけでは不十分である。正確なリズムやダイナミックな緩急(メリハリ)によって、型の流れが一種の旋律を作り成さねばならない(歌舞伎の場合、その旋律の終止符の度ごとにぴたりとその型がきまる必要もある)。歌においても事情は変わらないだろう。語彙は容姿同様の土台であり、これが雅びでなければ歌は優美にならない(もちろん優美を狙わない場合は雅語でなくともよい)。使用されるイメージは、歌舞伎の型同様、常套のものでよい(新しければなおよい)が、確実に美的効果を与えるものでなければならない。そしてこの語彙とイメージを一定の枠組み(時間的展開の型)に従って送りだしてゆく時、言葉は演示性を持つ。即ち「歌詞《うたことば》」としての要件を満たす。しかし、この歌の言葉が受け手の意識に対して効果をあげるためには(「花」があるためには)、その流れが緩急やひねりによって、独自の「調べ」を生じなければならないのである。その時言葉は、「発話の意味」を後景に〈表現〉しつつ、同時にある「姿」を前景に〈演示〉するであろう。それ故こう言い換えてもよい。言葉もまた、演技することによって作品となるのであると。

四　対句——意味に先立つ形

注意一秒
怪我一生

——交通標語

レトリックの出発

私の記憶の中で半ば肌をあらわにした女性がこちらをにらんでいる。その目の横に一行。

裸を見るな。裸になれ。

パルコの広告である。前半でギクリとさせ、後半でナルホドと感心させる。プロの芸というほかはない。作者は長沢岳夫。しかしよく考えてみれば、前句と後句の内容は論理の上でも因果の上でもたいして関係がない。また二つの句をバラバラに見れば、いずれも何ということもない。ただ、対句という形式のおかげで、二つの句が切っても切れぬものとして意識される。つまり前後の二句は、内容的には大きい距離を保ちながら、形式的には距離がないように見える。その落差が通りすがりの読者を痺れさせる電力を生じているのである。

まあこういう大技は専門家の管轄だが、対句そのものは修辞の中でもさほど難しい方ではない。七五調や対句は、天賦の感性も卓抜な想像力も古典の知識も作文の修業も、なにひとつない普通の人でさえ、文をひねくっているうちにたいがいできてしまうものである。交通標語などを一般から募集すると大部分が七五調であるというけれど、対句も少なくないだろうと思う。

注意一秒、怪我一生

この有名な標語は（別に証拠があるわけではないけれど）どう見ても言葉の専門家の手になるものとは思えない。もっとも、一般に気軽に用いられるレトリックというなら、地口や比喩の方がさらに日常的であろう。とりわけ比喩は、言葉をひねろうという意識さえないままに、いくらも普段使いに言い捨てている。

「やあ、景気はどうだい」
「晴れのち曇りというところだね」（隠喩）
「奥さんは元気かい」
「豚みたいによく食べるよ」（直喩）

このへんの台詞はたいていい反射的に口から出てくるものであって、レトリックを操っているねなどと言われれば、当人の方がびっくりするだろう。しかしこと対句となると、これはかなり意識的に造作しなければ出てこない。つまり、思いつくままに言葉を列ねて意味さえ通ればよいという態度を脱け出して、自分の語る言葉の形をいったん別の角度から眺めてみるという身構えがなければ、対句を作ることはできない。そしてこの身構えこそが修辞の出発点である。

この身構えはさまざまの文章上の技巧を生ずるわけだが、日本語の場合それが対句に結びつくのはかなり自然なことであろう。第一に言語的特性。言葉の形への配慮は文章に一種の形式的完成感を与えようとする志向を生むであろうが、押韻や強勢による音声的工夫が効果をもたない日本語では、七五調といった定型に嵌め込むか、対句というシンメトリーを作るのが一番てっとり早い。第二に歴史的事情。今の日本語の文章が一般に和漢混淆文といわれるように（現況を見れば和漢洋混淆文と言うべきか）、漢文の文体の影響が強い。しばらくこの二点について見ることにしよう。

対構成

言葉の形への配慮はどの民族にもあるだろうから、対を作るのは日本語・中国語に限ったことではない。そしてその形式は対句に限ったことではない。これについて包括的な論を説いたのは『詩の言語構造』のサミュエル・レヴィンである。彼は「詩的」な文の要件として「対構成」（coupling）という原理を唱えた。これは同じ構造をもって並行する文の、対応する位置に等価な要素を配してカップルを作ることである。つまり、

A_1—B_1—C_1—……

A_2—B_2—C_2—……

という二つの文があれば、これはＡＢＣ……という同じ構造をもつ（たとえば、Ａは修飾語、Ｂは主語、Ｃは述語といった単語の序列）。そしてA_1とA_2など対応する位置にある二つの要素が等価であれば、これを「対構成」という。たとえば『平家物語』の冒頭、

祇園精舎《ぎをんしやうじや》の鐘の声　諸行無常《しよぎやうむじやう》の響あり
沙羅双樹《しやらさうじゆ》の花の色　盛者必衰《じやうしやひつすい》の理《ことわり》をあらはす

この二行は文法的に同じ統辞構造をもち、しかもその対応する位置にある各語が意味の上でも似通っている。だから対句は典型的な「対構成」である。

ただし、レヴィンの考える文の構造には統辞のほかに韻律の型があり、要素の等価には意味のほかに音声の面がある。韻律の型とは音節の強弱もしくは長短のリズム型である。たとえば、ハムレットの三幕一場の独白（To be, or not to be, that is the question）は弱強弱強というリズムが五回繰り返されたものが一行を成す（これをイアンボス五詩脚と言う）。ファウストの最初の独白の各行は四回の強弱から成る（これをトロカイオス四詩脚と言う）。ほかにも強弱弱（ダクチュロス）、弱弱強（アナパイストス）のリズム型がある（名称は古代ギリシアの詩からきたものだが、ギリシア語では強弱ではなく音節の長短で詩型を定める）。音声の等価とは言うまでもなく押韻であるが、これにも頭韻、脚韻、類音（強勢の音節の母音だけが同じ）などがある。漢文には強弱の代わり

に平仄《ひょうそく》の規則があり、押韻についてはいうまでもない。つまり漢文の形式性は、統辞構造と意味要素の対応による「対構成」（即ちここでいう「対句」）だけでなく、平仄構造と押韻による「対構成」がより厳密な完成感をあたえているのである。ところが日本語の定型の場合には、一句を五字なり七字なりに定めはするが、その内部構造の規定がない。強弱も長短も平仄もないのである。しかも押韻はたいして効果をあげない。とすれば、形式的完成のてだてとしては、専ら七五の定型と対句に頼る外はない。こうして、言語的特性から、日本人は対句にはげまざるをえない。

対句と日本語

まず古いところからということで、『万葉集』を開こう。長歌のように長いものは、単に七五の定型だけでは形のまとまりの感が弱いため、対句の多くなることが予想されよう。第一巻冒頭の雄略天皇の歌は次のようである。

籠《こ》もよ　み籠もち　ふくしもよ　みぶくしもち　この岡に　菜摘ます児《こ》　家聞かな　名告《の》ら
さね　そらみつ　大和の国は　おしなべて　われこそ居れ　しきなべて　われこそいませ
我こそは　告らめ　家をも名をも＊

次の舒明天皇の歌もついでに引いておこう。

大和には　群山《むらやま》あれど　とりよろふ　天の香具山　登り立ち　国見をすれば　国原は　煙《けぶり》立ち立つ　海原は　鷗《かまめ》立ち立つ　うまし国そ　あきづ島　大和の国は＊

三番目の歌にも対句はあるけれど、もういいだろう。古代から日本人は対句を用いていたのである。少なくとも歌の場合は。では散文の場合はどうか。そこで『古事記』を開くことにしよう。すると、人名等の羅列が同形の繰り返しによって一種の対句的効果をあげている部分を除けば、地の文に対句はほとんど見当たらない。対句が用いられるのは、たとえば火に囲まれた大国主の神に鼠が逃げ道を教える時のまじないのような台詞、

内はほらほら
外はすぶすぶ

籠もよ　み籠もち…籠はよい籠を持ち、土掘り道具のふくしもよいものを持って、この丘で菜を摘む娘よ、どこの家の娘なのか、教えておくれ。私は大和の国をすべて統治している者だ。私は名のろうではないか。家も、名も（男の名のりは求愛を意味し、女の名のりは求愛を受け入れることを意味する）。

大和には…大和の国には山が多いが、中でもよい天の香具山に登り立ち、国を展望すれば、平野にはかまどの煙が立ち、海には鷗が飛んでいる。よい国だ。大和の国は。

であり、あるいはこの大国主の神が沼河比売《ぬなかわひめ》に求婚する歌の中の

さ野つ鳥　雉子《きぎし》は響《とよ》む
庭つ鳥　鶏《かけ》は鳴く

である。一方、神事の呪言である祝詞・宣命には対句が溢れている。どうやら対句は散文のためのものではなく、特に形式を必要とする文のための作法であり、むしろそれがただの言葉ではないことのしるしであったとさえ言える。対句が散文の技法となったのは、おそらく漢文の影響である。

中国では、詩であろうと、散文であろうと、文章の形式的完成への志向が著しい。対句的表現の例は古代からいくらも見られる。

天地は一指なり。万物は一馬なり。（『荘子』）
無名は天地の始。有名は万物の母。（『老子』）
君子は周して比せず。小人は比して周せず。（『論語』）
仰いで以て天文を観、俯して以て地理を察す。（『易』繫辞伝）

この対句の技巧は千年にわたって磨かれ、六朝時代に洗練の極に達した。いわゆる「四六駢儷《べんれい》

体」である。「駢」は馬の並びゆくさまを、「儷」もやはり並ぶ意を表す。要するに、文の並行を組み立ての基本とするものである（「四六」とは、四言六言の句を中心とするからである）。平安朝の日本人がおおいに模倣したのがこの駢儷体であった。日本文学史の中に散りばめられた対句の数々が（たとえば『平家物語』に見るように）明らかに漢文風の調子を帯びているのは、我々の祖先が漢文によって対句の呼吸と手口のノウハウを学んだことを示しているだろう。

日本人の身体に漢文的対句法が染み込むために最も大きな役割を果たしたのは『和漢朗詠集』であろう。撰者は藤原公任《きんとう》と伝えられ、十一世紀初頭に成る。内容は漢詩文の句六百弱と和歌二百強を主題別に編んだもので、つまりは名句集であるから、詩歌朗詠の際に便利であるばかりでなく、何よりも古典教養虎の巻として役に立つ。藤原定家の日記にこれを書写した記事があるが、「小童読書の為也」と付記されているように、貴族階級の教科書として利用されていたらしい。下って江戸期には、読み書きの手本としていくつもの版がでた。その影響は広く長きに及んだのである。日本の古典文学に引用されている漢詩句のかなりの部分が『和漢朗詠集』のものであると言ってよいであろう。

しかしこのアンソロジーは、原作の全体を収めることは稀であって、そのほとんどは七言二句のみを摘んだものである。つまり二句一連で完結した佳品を選ぶわけであるから、対句形の多いことは想像がつくであろう。漢詩文の内訳は、中国製四割、日本製六割。ただし漢家の詩句は圧倒的に白居易のものが多い。たとえば『長恨歌』からは四点が採られたが、その一つを例として引いておこう。

春の風に桃李の花の開くる日
秋の露に梧桐の葉の落つる時

日本人の詩句からは、後に謡曲などに多く引かれることになった慶滋保胤《よししげやすたね》のものを挙げておこう。部類は春。

東岸西岸の柳　遅速同じからず
南枝北枝の梅　開落已に異なり

模範的な出来栄えではある。しかし、対句を余りに律儀に作れば、四角四面な形式性ばかりが目に立って、内容の深みに心が行きにくいということも判るだろう。微妙なものを訴えようとする詩人にとって、整いすぎた形式は目障りになってくる。ある形式の完成点はその形式の超克の出発点となるであろう。既に六朝詩論にその萌芽が見られる。

九世紀初め、空海は中国の詩論書を集め、その精髄を取捨編集して『文鏡秘府論《ぶんきょうひふろん》』六巻を著したが、その東巻のほとんどは対偶（レヴィン風に言えば対構成《カプリング》）の説明にあてられている。挙げられた対の形式はなんと二十九種。レヴィンは一口に「音声または意味の等価」と言ったけれども、その等価のありかたが実に多様なのである。それによって、見るからに対句というものから一見したところ対句に見えないものまで、形式感の度合が分かれる。空海は二十九種の各々に例句を挙げて説明を加えているが、面倒だからここでその一々を引くことはしない。しかし最後の一つだけは取り上げておかねばならない。その名称を「惣不対の対」という。つまり対句になっていないものである。空海はなぜこれを対句のうちに数え、しかも「最も佳妙と為す」として、他の二十八種の対句に勝るとしたのか。小西甚一氏の見るところ（と、ここからはしばらく氏の『文鏡秘府論考研究篇』によるのだけれど）これは空海自身の新説である。他の二十八種には典拠が示されているが、これには典拠の言及がない。ただしその例句は初唐の詩人上官儀《じようかんぎ》の詩論に「不対」の例として引かれたものである。そこで小西氏は言う。

「上官儀は、対偶の無い作品も有つたことを挙げたので、対は対、不対は不対と認めてゐる。それが秘府論で『惣不対といふ対』に転換されたのは、専ら、弘法大師の見識によるものと断じたい。篇立に典拠が示されてゐないのは、その故とかんがへてよい」

ではこの新しい「対」を設けた理由は何か。

「対偶性は、その形式的要素が多くなるほど浅化し、意味的要素が精しくなるほど深化すると考へられ、深化が高次となるにつれ、どこに対が有るのか看得しがたい境に進む。その極まつたのが仮対である。しかし仮対には、まだ『それよ』と感じ得るものがある。大師は更にそれを進め、全く対偶性の認られない対偶を提起したのであつて、真に卓見と謂ふ他ない」

そして小西氏はこの「惣不対之対」が漢詩よりもむしろ日本の俳諧の付合において完成されたと言う。これもまた一つの卓説と言うべきであろう。

日本人の文章意識が対句という目に立つ技巧を好まないというケースは、和文の完成期の初めからあったようである。

平安時代の公式文書は全て漢文で書かれ、当然ここには対句が氾濫した。紀貫之が最初の勅撰集である『古今和歌集』の序文を仮名つまり和文で書いた時、これは画期的な「事件」であったと言えるだろう。彼の仮名序は、和文で文章を書くというほとんど未開の領野を切り拓くパイオニアの苦心の産物である。その語彙の大部分が和歌の伝統から採られたのは当然であるが、その文の組み立ての手本として採られたのは『古事記』ではなく、長歌と漢文であった。仮名序は序詞と対句に満ちている。たとえば、

「ひさかたの天にしては、下照姫にはじまり、あらがねの地《つち》にしては、すさのをのみことよりぞおこりける」

「あるは花を訪《と》ふとて、たよりなき所にまどひ、あるは月を思ふとて、しるべなきやみにたどれる」

「秋のゆふべ、竜田川にながるる紅葉をば、帝の御目《おほんめ》には錦と見たまひ、春のあした、吉野の山の桜は、人まろが心には、雲かとのみなむおぼえける」

(『古今集』の序は、漢文で書かれた真名序がまず成り、仮名序はその和文化であろうとの説が強い。私はこの説に必ずしも与しないけれども、もしこの説に従うなら、もちろん真名序には対句が多いから、仮名序にも対句が多いのは当然ということになろう。しかし右の例は全て仮名序にのみあって、真名序にないものである。つまり貫之は和文で文を構える時にも、やはり馴れ親

しんだ駢儷体を離れられなかったと言えよう)

三十年後、貫之は『土佐日記』を仮名で著す。これは女房の日記という体裁をとった小説であり、勅撰集序文という公的性格をもたないから、文体は素朴で構えたところがない。それでも、少なくなったとはいえ、やはり対句は目に立つ。しかし和文が洗練されるに従い、対句表現はかげをひそめるようになる。厳密に調べたわけではないから断定はできないが、『源氏物語』にも『伊勢物語』にもほとんど見当たらないようである。知的と言われる『枕草子』にも、名辞の列挙は多いけれども、対句はなかなか見つからない。これは女房文学の著者たちに漢文の素養がないためではない。紫式部も清少納言も漢詩文に通じていたし、『源氏物語』の語彙には漢語の影響と思われる造語法のあることが指摘されている(竹内美智子「和語の性格と特色」)。にもかかわらず、その文体から対句を排したのは、それなりの(おそらくは意識的な)理由があったに違いない。つまり彼女たちが磨き上げようとした和文体にとって、対句は違和感のある手法だったのであろう。

鴨長明はその歌論書『無名抄《むみようしよう》』で、古人の詞として「対をしげく書きつれば真名に似て仮名の本意にあらず」という教えを引いている。少なくとも平安末期には、対句は漢文の文体的特徴であって、和文のよさを損なうものと見なされていたのである。無限旋律のようにどこまでも流れて行こうとする和文体にとって、対句による形式の粒立ちは、その心地よい波を断ち切るように思えたのかもしれない。

しかし王朝の和文にとって目障りであった形式の粒立ちは、別の文体感覚にとっては好もしいと見えるであろう。内容の飛躍、陳腐、高踏も、形式の必然があれば違和感なく受け容れられる。

二句一連の完結感は流れる文に節目を入れ、同構造の繰り返しはリズム感を生じる。このような対句の形式性を逆手にとった文章は、また決して日本人の嫌うところではなかった。

長明の時代は、和文と漢文訓読体とが一つとなって、「和漢混淆文」という新しい文体が生まれてきた時代でもある。『平家物語』については言い及ぶまでもあるまいが、長明自身の『方丈記』もこの文体で書かれた。和漢混淆文初期の代表作の一つであるこのエッセイでは、対句が縦横無尽に駆使されている。『方丈記』の名調子の幾分かは、対句のもたらすメリハリの手柄であると言ってよかろう。たとえば、

知らず、生まれ死ぬる人、いづ方より来たりて、いづ方へか去る。また知らず、仮の宿り、誰がためにか心を悩まし、何によりてか目を喜ばしむる。その主と栖と、無常を争ふさま、いはば朝顔の露に異ならず。或は露落ちて花残れり。残るといへども朝日に枯れぬ。或は花しぼみて露なほ消えず。消えずといへども夕を待つことなし。

言霊の力

今日でも、言葉に特別の力を与えたいと思う時、人はつい七五調や対句をこしらえる。しかしそれは単に「伝統」と言って済まされるものではないように思える。「七五調」や「対句」という形式の種類は伝統かもしれないが、言葉に形式を与えようとする衝動そのものはほとんど本能

のように見えるからだ。とりわけ詩歌や呪言や標語など、ある種の力を必要とする言葉において。

言葉は意味を運ぶ記号であるだけでなく、それ自体手触りや手応えをもっている。言葉を意識的に操ろうと身構えれば、いやでもこの物質感と応接せざるをえない。対句も七五調もこの物質性を材料にして、文章に形式的完成感を与えようとする手だてである。これは言葉に、意味を伝えるだけの無色透明な道具であることをやめさせ、言葉そのものに一個の独立した形姿を与えようという行為である。それは文章を一種のモノにする作業だと言ってもいい。こういう文章に出会う時、人は意味よりもまずその形を知覚することになる。たいていの文章では、人はその言い分を憶えていても、言い回しの方はきれいに忘れてしまうものだ。だから暗誦用の詞章は（『平家物語』もホメロスも経文も）たいてい形をもっている。人は形のない詞章をだらだらと思い出すのは難しいが、形のあるものは易しい。たぶん私たちはものを機械的に憶えるよりも、形をまず喚び起こし、次にその細部を思い出すほうが生理に適っているのだろう。これは私たちの認識や学習のシステムと関わっている。

私たちは、物を見たり聞いたりする時、まずその部分を認識してのちこれを足し合わせて全体を知るのではなく、まず全体の形態（ゲシュタルト）を認識してそれが何であるかを把握するのだということを、現代の心理学は明らかにした。言い換えれば、細部の羅列にしか見えないならそれは一個のモノではない。もしモノならば、まず全体の形が見え、「これはこのようなモノである」と取りおさえた上でその細部に意識が向かう、というわけである。たとえば音楽のメロディーは、全体としての形がまず捉えられて「これはこのようなメロディーである」という認識があって後、個々の音がその枠の中でどのような位置にあるかが知られる。言葉の場合も事情は変わらないだろう。メロディーの音もはじめは一音一音聞かねばならないように、私たちは語の羅列をまずはしから読んでゆく。それで終われば、それは意味を伝えるだけの道具にすぎない。しかし、ある単位を読み終えた時、文章が一つの形をもつものとして立ち現れることがある。個々の語はその全体の布置の中でもう一度その役割を問い直される。この時、語は、透明な道具から一つの形態を構成する要素へと変貌し、私たちの眼前には一つの姿をもったモノが出現する。

つまり言葉に形を与えるとは、単に記憶の便のためというより、透明な語の連鎖を転換して不透明な一つのモノに仕立て上げることである。この時、言葉はそれ自体一つの精神をもって自立しているかのように私たちの前に現れるのである。だから富士谷《ふじたに》御杖《みつえ》は言霊《ことだま》を論じて言う。

「言語は無形也。詠歌は有形なり。すべて形なきものには霊とゞまる事なし。形あるものには霊そのうちにとゞまりて死せず」(『真言弁《まことべん》』)

五　寄物陳思——思いに染まる言葉

ほととぎすなくや五月のあやめ草あやめもしらぬ恋もするかな
——よみ人しらず

付託という詩法

「国風暗黒時代」という言葉がある。平安初頭のほぼ一世紀、朝廷が唐風の制度文化を移植することに懸命となり、日本的風俗が日陰者となった時期を指す。この頃、漢詩文は「経国の大業」と称せられ、貴族にとって名誉の表芸であったが、和歌の方は乞食芸人の生計の手段、貴族にとってはせいぜいが、漢文を解さぬ女性とやりとりする恋文の形式にすぎなかった。しかし、次第に力関係は逆転する。期を画した事件は、天皇の命による和歌集の編纂であった。即ち、『古今和歌集』である。紀貫之はその序文を書くのに仮名を用いた。当時の公文書がほとんど漢文（神に啓する祝詞と宣命は例外だが、それでも漢字）であったことを思えば、これまた一つの事件であった。貫之の決意と力こぶのほどがわかる。実際、この仮名序の行間に滲み出る彼の「歌の道」への思い入れの深さは、読む者の胸を打つものがある。仮名序の語彙と構成には中国詩論との類似が指摘され、影響関係が云々されたりするが、それは表面的な問題にすぎない。貫之は和歌が漢詩とは別物であることを意識していたし、むしろ和歌独自の詩学を打ち出そうとしていたのである。
その仮名序はこのように始まる。

「やまとうたは、人の心を種として、よろづの言の葉とぞなれりける。世の中にある人、ことわざしげきものなれば、心に思ふことを、見るもの聞くものに託《つ》けて言ひいだせるなり」*

詩歌は人の思いの表現であるという考えは、中国詩論の原点である『詩経』の序に既に見られる（だからこの件りは『詩経』の翻案だと説く人がいるけれども、そう簡単には言えないのではないか。『詩経』を知ろうと知るまいと、『万葉集』を見れば誰でもこう考えるであろうから）。しかし注目すべきは、その思いが「見るもの聞くものに託けて」言葉にされる、という点である。和歌とは、思いを率直に叙述するものではなく、花鳥風月その他の事象を引き合いに出して語るものであるというこの規定は、万葉以来の伝統と実情を踏まえたものであるとはいえ、かなり大胆なものであろう。なぜなら、心情を直叙するだけでも歌にはなるし、実際そのような歌は少なからずあるのだから（漢詩文の場合も同様。従って中国詩論は、表現形式に「賦」即ち直叙と「比興」即ち比喩とがあるとする）。そのことは『万葉集』の編者さえ気がついていた。その分類法を見れば、物への付託表現である「寄物陳思《きぶつちんし》」「譬喩《ひゆ》」のほかに、心情の直叙である「正述心《せいじゅっしん》緒《ちょ》」という部類を設けているからである。もちろん貫之は全て承知の上であった。その証拠に、彼は仮名序で和歌の様式を六つに分けているが、その一つ「ただごとうた」は直叙の歌である。
貫之が例にあげた歌は、

いつはりのなき世なりせばいかばかり人の言の葉うれしからまし＊

けれども貫之はついにこの様式を重視しなかった。仮名序の中ほどに、和歌がどのように作られてきたかの事例列挙があるが、これを見ると、直叙で歌は作れないのではないかとさえ思えてくるほどである。長いので全部は引かない。

さざれ石に譬《たと》へ、筑波山《つくばやま》にかけて君を願ひ、喜び身にすぎ、楽しび心にあまり、富士の煙《けぶり》によそへて人を恋ひ、松虫の音《ね》に友を偲び、高砂住之江《たかさごすみのえ》の松も相生《あひおひ》のやうにおぼえ、男山の昔を思ひ出でて、女郎花《をみなへし》のひとときをくねるにも、歌を言ひてぞ慰めける。

実際、『古今集』の歌を見れば、物への付託のない方が珍しいくらいである（仮名序が付託表現を論の中心としていることは既に竹岡正夫氏や片桐洋一氏の指摘があり、小著『花鳥の使』に

やまとうたは…和歌とは、土の中の種がやがて無数の葉となるように、人の内なる心が、さまざまの言葉となって外へ表れたものである。人はこの世を生きるにあたり、いろいろな事態を経験するが、そのとき心に思うことを花鳥風月などの事象にことよせて表現したものが和歌なのである。

いつはりの…この世に嘘というものがなければ、あなたの言葉は私にとってどれほどうれしいことでしょう。（素直にとれば、甘い言葉に対する「本当かしら」という不安。皮肉にとれば「嘘ばっかり」という逆襲。なお、「世」には「男女の仲」という意味もある。）

もやや詳しく卑見を述べた)。
もちろん和歌に付託が多いのは、万葉期以来の実情である。『万葉集』には「何々に寄せる」という歌が多い。この「何々」とは鳥や木や草など、つまり「物」である。この「物に寄せる」歌はついに十一巻、十二巻で、「寄物陳思」「譬喩」という二つの分類項目を生み出した(名称は柿本人麻呂によるとも言われる)。「寄物陳思」は文字通り「物に寄せて思いを陳《の》べる」ものである。「譬喩」は、その内訳を見ると「寄魚喩思」「寄草喩思」等とあり、要するに「物に寄せて思いを喩える」ものである。違いは「陳べる」か「喩える」かにある。両者は、共に物を引き合いに出して思うことを表す詩法であるが、一方がその思いを「陳べる」つまり言葉の上に出すのに対し、他方は「喩える」つまり別事をもって間接的に語るのである。従って、「譬喩」の場合、物はその思う所を想起させるに足るものでなければならないが、「寄物陳思」の場合、思いを語る言葉は別にちゃんとあるのだから、物はその思う所に無関係でもよい(もちろん関係してもよい)。例をあげた方がわかりやすいであろう。

紅の濃染《こそめ》の衣色深く染みにしかばか忘れかねつる＊

「あの人のことが心に深く染みて忘れ難い」という思いを「紅の濃染の衣」という物に寄せて、陳べたものであるが、上下の二句は「染みる」という語の縁で繋がっているだけで、衣と恋とは話の上で別段の関わりはない。ついでにもう一首。

道の辺のいつ柴原のいつもいつも人の許さむ言《こと》をし待たむ*

「いつ柴原の」の「いつ」が同音の縁で「いつもいつも」を引き出す。しかしこの柴原は「いつもあの人の承諾の言葉を待とう」という思いの陳述に内容の上では一向に関わらない。このように「寄物陳思」には、自然の事象を引く句（多くは上句）を、縁語・掛詞などによって、思う事を陳述する句（多くは下句）に結びつけたものが多い。

一方、「譬喩」で持ち出される事象は、裏の意味によって思う所を表す。草に寄せて思いを喩えるもの（寄草喩思）から一首をあげれば、

三島菅いまだ苗なり時待たば着ずやなりなむ三島菅笠

三島の菅はまだ苗にすぎない、といってのんびり成長を待っていては他人に取られてしまうかもしれない、というのが表向きの意味だが、いうまでもなく菅の苗は少女の譬喩である。

『万葉集』にいう「譬喩」は、西欧の修辞学がいうところの「隠喩」（メタファー）や「諷喩」**（ア

紅の…紅の濃染の衣には（薄染め式とちがって）紅色が深く染み込んでいる。あの人のことが私の心に深く染み込んでしまったのでもう忘れることができない。

道の辺の…道の辺に芝の繁った原がある。いつでもあなたが「許す」と言ってくれるのを待とう。

レゴリー）にあたる。その例は今なお詩歌散文を問わず数多くみられる。しかも周知のように、最近のレトリック論の関心は専ら譬喩、とりわけ隠喩に集まっている。しかし今私たちが取り上げようとしているのは、現代の修辞学者には人気のなさそうな「寄物陳思」の方である。

考えてみれば、寄物陳思とは不思議な詩法である。わずか三十一文字の短歌では一言半句の無駄も許されない。語の不足を補うためか、歌人は一語に二重三重の意味を背負いこませる工夫さえする。それを、一首の半ばまでも無用の冗語を連ねて平然としているのはどうしたことであろうか。和歌の表す「意味」を解釈しようとする評釈を見れば、いずれも序詞は歌の本旨の外にあるとし、作者の「言いたいこと」は下句にのみあると考えているようである。しかしそれは本当であろうか。もしそうであるとすれば、寄物陳思とは随分だらしのない詩法である。

一つの解釈は、これを古代の言葉遊びの残影と見、さして文芸上の価値はないとすることである。その証拠に、先に引いた歌のように上句を全て序詞とする形は『万葉集』にこそ多いが、和歌が洗練されるに従い減少し、日本人が「和歌とは何か」について明確な共通了解を確立したといえる『古今集』においては、このように冗語の多いものは既に見つけ難いという事実がある。

私たちは、五七五を序詞にしてしまうという手法が確かにかなり安易なものであることを認めねばならない。縁語なり掛詞なりを一つ思いつけば（それも和歌の約束事を知っていれば、思いつくのに手間はかからない）、それを頼りに序詞を組み立てることは初心者にも容易なことであるから。また私たちは、一首に複雑な内容を籠めようとした歌人たちが冗語を惜しみ、五七五を全て序詞にすることは滅多になくなったことも認めねばならない。

しかし二つだけ問題は残るであろう。一つは、技法の難易は歌の価値と関わらないから、この一見単純な作歌法が素晴らしい歌を生み出すことはありえる。寄物陳思による名歌があることは後代の歌人も認めていたのではないか、ということ。もう一つは、上句の五七五を序詞にするのは『万葉集』に多い方法であるとしても、寄物陳思の仕掛けそのものはもっと多様な形がとれるのではないか、それゆえ後代の歌人たちはもう少し複雑な仕方でこの寄物陳思を採用していたのではないか、ということである。この二点を確かめることができれば、寄物陳思が古代の拙朴な技法ではなく、実は日本のレトリックのかなり重要な部門であることが明らかになるだろう。

和歌の代表作

まず、『古今集』に帰ろう。先に述べたように、その歌の多くは「物に寄せて」思いを表すものである。付託の仕方には「譬喩」もあれば「寄物陳思」もある。ところで、集の中で「恋」の部は三分の一を占めるが、その劈頭に据えられたのは作者も不明の次の歌であった。

ほととぎすなくや五月《さつき》のあやめ草あやめもしらぬ恋もするかな

＊＊諷喩…譬え話。隠喩が一語で成り立つのに対し、ストーリーが単位となる。隠喩の連続したものとも考えられる。たとえばイソップの寓話。

「あやめ草」までは序詞であり、〈恋に目が見えぬ〉という歌の本旨には関わりのない冗語である。まさに万葉的な寄物陳思の歌の典型と言ってよい。

二番目に配されたのは次の歌である。

音にのみきくの白露夜はおきて昼は思ひにあへず消《け》ぬべし＊　素性

置いては消える「白露」は命の覚束ぬ作者の隠喩となっているから、これは「譬喩」の歌と言ってよい。あやめ草の歌に比べれば、意味ははるかに複雑、技巧は格段に巧緻である。

ところで『古今集』の作品配列には原則がある。一篇の絵巻物を見るように、内容が展開してゆくのである。四季の部では立春に始まり、夏秋を経て、行く年を惜しむ歌で終わる。恋の部では、「まだ見ぬ恋」に始まり、さまざまの恋の様相を経て、ついには愛を失い、省みて「所詮恋とはこのようなもの」と諦観する歌で終わる。右の歌が「音にのみ聞く」と言うのは、まだ目に見ていないのである。この「まだ見ぬ恋」は第七歌まで続き、ようやく第八歌で「見ずもあらず見もせぬ人の恋しくは」と、見たような見ないような段階となる。このあと暫くは、ほのかに見ただけの恋の歌が続く、という具合に進行する。しかし、巻頭の一首には不審がある。「あやめも知らぬ恋」とは、「まだ見ぬ恋」だけの特徴ではないからである。というより、恋に狂って何もわからない状態とは、むしろ恋の真只中にこそふさわしいであろう。では、なぜこれを巻頭に置いたのだろうか。

恋は、和歌にとって最も重要な主題である。その巻頭にはそれにふさわしい名歌を、と編者も考えたであろう。「音にきく」の歌は模範的な古今風の秀歌である。しかし編者は満足しなかった。恋という主題の重みを支えきるだけの力がこの歌にはないからである。しかも編集方針からいって、明らかに恋の中期や晩期の歌をここに持って来るわけにはゆかない。編者はこう考えたのではなかろうか。恋の特定の局面に関わらぬ歌であれば、配列の原則を乱すことにはならない。いや、むしろ恋の全局面を貫いて流れるものを捉えた歌、つまり恋というものの本質を射抜いた歌こそ、巻頭に置いて恋の部を総括するのにふさわしいであろう、と。おそらく「あやめ草」の歌はこうして選ばれた。貫之らはこれを、『古今集』の恋歌三百六十首の代表と（ということは、『万葉集』以後の全恋歌の代表と）するに足る、と判断したのである。そして偶然かもしれないが、この歌が、「譬喩」でもなく、もちろん「正述心緒」でもなく、「寄物陳思」の詩法をとっていたことを、私たちは軽視してはなるまい。

三百年ほど下って、中世初め。和歌の様式は古今風から新古今風へと変貌を遂げる。この転回点に立って、歌壇の指導者として大きな役割を果たしたのが藤原俊成である。言うまでもなく、天才定家は彼の嫡子である。その俊成が「歌の本体はたゞこの歌なるべし」と絶賛し、歌を論ず

音にのみ…ただ噂に聞くだけのまだ見ぬ貴方だが、私は夜も眠れず昼も物思いにふけるばかり。これでは夜に置いて昼には日の光に消える菊の白露のように私も死んでしまうだろう。（「きく」は「聞く」と「菊」、「おき」は「置き」と「起き」、「思ひ」の「ひ」は「日」との掛詞。）

るたびに模範として挙げたのは、『古今集』の離別歌に収める貫之の次の歌であった。

志賀の山越えにて、石井のもとにてもの言ひける人の、
別れけるをりに詠める
むすぶ手の雫に濁る山の井のあかでも人に別れぬるかな＊

上句は「あかでも」を引き出すための序詞である。ただし、これはいわゆる有心の序詞であって、無意味ではない。話を交わした場所である石井の叙述なのだから。しかし水溜まりに毛の生えたようなこの山の井と、歌の本旨である別れを惜しむ心とは、やはり直接には関連がない。これもまた一種の寄物陳思の歌であると言えよう。しかし言葉のあやの数々を極め尽くしたはずの俊成が、これを歌の理想としたのである。私たちは、一見「言いたいこと」とは無関係な「物」が、実は重大な役割を果たしているのではないかと疑わなければならないであろう。

象徴表現

「言いたいこと」の言葉を引き出すという序詞の機能については別の機会に取り上げることにして、ここでは「物に寄せる」ことが「思いを陳べる」こととどう関わるかに注目しよう。

そもそも思いは陳べられるものであろうか、と裏から考えてみるのもよい。「恋にすっかり分

別をなくした」とか「もう別れるのは残念だ」といった言葉は、確かにある思いの告白かもしれないが、他人が聞けば感心するどころか愚痴にしか見えないだろう。なぜか。共感をえられないからである。言葉という記号は、ある思いにレッテルを貼ることはできるが、思いそのものを差し出すことはできないのである。ではどうやれば無形の思いを差し出すことができようか。ここに、無形を有形に転換する錬金術が必要となる。

たとえば私たちは心に悲しみを抱いている時、見る物の全てがもの悲しく見えることがある。月を見れば、月が恨めしげな顔をしているように見える。これは、月が私の心を映しているからである。つまり、「物」が「思い」の鏡となっているのである。とすれば、有形の物を鏡として持ち出すことによって、無形の思いを化肉する詩法が成り立つであろう。まず、月のイメージを鮮やかに叙述する。次に、この月に思いの影を投射する詞を添加する。たとえば、私の人生はもう終わった、とかなんとか。すると、今までただ白々と光っていた月はたちまち悲哀の色を帯びる。うまくすれば、読者もまた感無量でこの月を眺めてくれるかもしれない。思いを述べる言葉だけを手渡されても、読者が共感することは難しい。しかし思いを映す物を差し出される時、読者は作者と同じ眼でその物を見る。物は独特の気分に染められている。この時、思いを述べる言葉の方にも血が通いはじめるのである。

むすぶ手の…山の井の水を飲もうと手で掬えば、こぼれる雫にすぐ濁ってしまい、心ゆくまで飲むことができない。心ゆくまで話ができないまま、あの人と別れてしまった。(「飽かでも」が水の不満と逢瀬の不満の二義をかける。)

もちろん「物」は何でもよいわけではない。月にするか花にするかでも、思いの映り方は違ってくるであろう。物の持つイメージが、思いの色調に影響するわけである。当然、相性というものはあるだろうし、取り合わせが悪ければ「滑稽」という別の効果を生むこともあるだろう。しかし、物と思いとが幸運な出会い方をする時、物は普段のイメージをはるかに超え出て、私たちを強く撃つのである。寄物陳思の仕掛けが見たところ単純でありながら、その成功した作品が技巧派を沈黙させるのは、物がもはや私たちの知っている物ではなくなるという、一種の創造の奇蹟がそこで演じられているからである。

さてこの寄物陳思は西欧にはない詩法であろうか。いや似た例はある。たとえばイェイツの引用した十八世紀のバーンズの詩。

The white moon is setting behind the white wave,
And time is setting with me, 0!

白い月が白い波のかげに落ちてゆく、
そして私の人生が終わりゆく、ああ!

イェイツはこの詩句を評して言う。

「この詩行は全く象徴的である。ここから月と波の白さを取り去れば、その美しさは失われてしまう。この白さと終りゆく人生との関係は、微妙にすぎて知性では捉えようもない。しかし、月と波と白さと終りゆく人生とそして最後の憂愁の叫び、これらが一つに手を組み合う時、或る感情を喚び起こす。それは、他のいかなる色と音と形によっても喚び起こせないものである。これを隠喩的な措辞と呼ぶこともできようが、やはり象徴的と謂う方がよい。」(「詩の象徴表現」)

イェイツの説く象徴表現(symbolism)は、まさに私たちの「寄物陳思」の詩法ではあるまいか。「あやめ草」の歌を思い起こそう。

ほととぎすなくや五月のあやめ草
あやめもしらぬ恋もするかな

耳をうつほととぎすと目をうつあやめの鮮烈は、恋のもたらす甘美と憂愁、夢と狂気、浄土と地獄の一切を映している。この歌は恋の特定の相を詠んだものではない。恋というものがまさに「あやめもしらぬ」不可思議の世界であることを告げるものである。隠喩は追いつかない。ただ闇を裂くほととぎすの声と、五月に匂うあやめの紫とが、かろうじてこれの象徴となりうるであろう。理屈の及ぶ世界を捨ててこの「あやめもしらぬ」次元に入る覚悟がなければ、恋を始めることはできない。この歌を巻頭に据えたのは編者の見識であろう。

こうして、思いを託された「物」は、その思いの象徴となる。隠喩は予め両者の間に類似があり、詩人はその類似を発見するのであるが(あるいは、類似を見るという新たな見方を作り出すのであるが)、象徴は類似によるのではない。ただその思いを映すのである。象徴は予め在るものではない。詩人は象徴を発見するのではなく、言葉の強引なしかし必然と見える組み合わせによって、創造するのである。つまり、寄物陳思とは、象徴創出の技である。隠喩において、たとえば「露」によって「はかなさ」を喩える時、物と思いとは同義である。しかし、象徴において、物は思いと照応しつつもまた独立してあるという緊張関係を保つ。独立の度が過ぎれば、物は思いを映さない。寄物陳思は常に象徴の創出に成功するとは限らないのである。しかし、成功する時、それは譬喩よりも深く思いを伝えるであろう。

物と心の遭遇

象徴的な寄物陳思の歌においては、意味は一点に収斂せず、漠たる情緒のたゆたいがある。表現内容の輪郭はさだかではないが、深さだけは確実に感じられる。このような詩的効果こそ、古来「幽玄」と呼ばれてきたものではあるまいか。とすれば、幽玄をめざした中世の歌人にとって、寄物陳思は絶好の詩法だったはずである。しかし『新古今集』に寄物陳思の歌はあまり見当たらない、と人は言うかもしれない。確かに、上句を序詞として物を引き、掛詞で下句につなぐという万葉風の素朴な物の託し方は少ないかもしれない。だが「寄物陳思」を、「思いと、それに直接関わらぬ物とを、一首の中で互いに照応させること」と定義するなら、話は変わってくるであろう。

こうなると、やはり藤原定家に出番を願わなければなるまい。彼が何を自分の代表作と考えていたかは明らかではないが、『百番自歌合』に入れ、『新勅撰集』のための自撰十五首に入れ、さらに『百人一首』にただ一つ選んだのは次の歌であった。

来ぬ人をまつほの浦の夕なぎに焼くや藻塩の身もこがれつつ*

これは『万葉集』の次の長歌を本歌としている。

淡路島松帆の浦に　朝なぎに玉藻刈りつつ　夕なぎに藻塩焼きつつ（後略）

昔は浜辺で海藻に潮水をかけて焼き、塩を取った。定家の歌は「松帆の浦の夕なぎに焼く藻塩」という物に寄せて「来ぬ人を待って身を焦がす」思いを陳べたものである。「まつ」は掛詞、「こがれつつ」は「焼く」の縁語で「藻塩」と「身」の双方につながる。「藻塩」は藻にかけた潮水の垂れるところから「しほたる」（涙にくれる）、ひいては恋に泣くことを連想することが和歌の約束事となっている。「物」と「思い」の言葉は精緻に絡みあっている。風の凪いだ夕べの浜に立ち昇る藻塩の煙は、来るあてのない人を待ち続ける物狂おしい気持ちの象徴となる。

来ぬ人を…九七ページの注を参照。

五七五を序詞とする素朴な形は稀となったが、縁語・掛詞等の駆使によって「物」を歌に組み込むことは、長く和歌の標準的制作法となった。ただこの詩法は形骸化する時、物と心との緊張感を失い、物は象徴となることに失敗する。物と心とが幸福な出会いをすることは、定家以後必ずしも多くはなかった。おそらく、物と心の照応の具合よりも、縁語や掛詞の曲芸に歌人の神経が集まったからである（京極為兼《きょうごくためかね》の「相応」論はその批判である）。しかし物と心の出会いに、縁語や掛詞は必要条件ではない。実際、歌舞伎の台詞から歌謡曲まで、心情を吐く時に物を引いて文を飾ることは一つの伝統となったが、必ずしも言葉の縁を頼りはしなかった。ただ残念ながらこれらの心と物の出会いは、たいてい月並の花鳥風月を便利に取り合わせたというだけの、至って安易な代物である（もっとも月並のもつ力を私たちは軽視してはならないけれど）。しかしおそらくこれは愚痴をこぼすべきことではなく、むしろこの伝統が時折は鮮やかな出会いを生みだしたことを喜ぶべきなのであろう。たとえば、寺山修司の次の歌。

マッチ擦るつかのま海に霧ふかし身捨つるほどの祖国はありや（「祖国喪失」）

六　掛詞——話題の交錯

花の色はうつりにけりないたづらにわが身世にふるながめせしまに
——小野小町

多義性の遊戯

近頃はカーテンならぬブラインドを垂らした窓が多い。縞模様に洩れる光はとりわけ写真で見ると美しいから、ポスターも粋になりやすい。その立川ブラインドの広告。

横シマな考えが、ふと、胸をよぎった

いうまでもなく、「横縞」に「邪《よこしま》」を引っ掛けたものである。今日この種の掛詞的工夫が多く目に触れるのは、短歌ではなく、広告の世界であろう。もっとも、そのたいていはコミカルな味を狙ったもので、駄洒落と紙一重の機知である。たとえば、帝都高速度交通営団が地下鉄車内での禁煙を乗客に求めるポスターで、犬と猿を使って、

「嫌煙の仲」

また同趣旨のポスターで、トレードマークのポーズをした林家三平が、

「すいません」

あるいは、全日空が沖縄への旅を宣伝して、

「おぉきぃなぁワッ」

北海道の時は、

「でっかいどぉ」

なんだか書き写しているうちに紙一重どころか駄洒落そのものという気もしてきたけれど、洒落と駄洒落の境目の詮索は手間がかかりそうだから棚上げして、話を本来の掛詞に戻すことにしよう。


そもそも掛詞は、古来日本語の代表的な修辞である。和歌はもちろん、軍記物、謡曲、浄瑠璃の道行など、趣向を凝らした美文には欠かせぬ言葉のあやであった。ところが近代に至ると、これが批判の種となる。「駄洒落みたいな」などと言われて、すこぶる評判がよろしくない。万葉礼賛の歌人にも、掛詞の修辞をまねる者はまずいないらしい。確かに「写生」だの「表現」だのという何やら高級な理念が幅をきかせた文学界では、内容よりも表面の工夫に職人芸を振るうようなこの修辞が、「芸術」とは無縁の言語遊戯とみなされたのも当然の成行きであろう。

それに「掛詞即ち駄洒落」説に反論するのは難しい。なぜならどちらも、同音異義を利用して一語に二重の意味をこめるという、同じ仕組みで成り立っているのだから。一方を否定すれば他方も否定せざるをえない、と思えるではないか。

しかしどうして「洒落」ではなくて、「駄洒落」と言うのだろうか。「掛詞即ち洒落」では攻撃の力が弱いからである。けなすためには「駄」がどうしても必要だ、ということは、なんのことはない、「掛詞即ち駄洒落」説において、「掛詞即ち洒落」という論理は「掛詞即ち駄」を主張するための踏み台にすぎない。これも一種のレトリックである。レッテル貼りのレトリックにはこの手のものが多いのだが、それを仔細に調べるのは本章の趣意ではない。ただ私たちは次のことを確かめておけばよい。駄洒落も洒落も掛詞と同じ仕組みを持っているのだが、「駄洒落」の方だけには〈つまらぬもの〉という含意がある。ところで共通点のある二物は「即ち」で結び付けてもいいように見えるが、結び付けたとたん、一方の含意は他方に伝染する。だから「掛詞は即ち駄洒落である」と言えば、どちらもつまらぬものに見えてくるのである。

ところでこれを引っくり返してみたらどうなるだろう。「駄洒落は掛詞である」と言えば、どちらも風雅の伝統に従う振舞のように聞こえるのではあるまいか。いや、そんなふうには聞こえない、と言われるかもしれない。既に掛詞の評価の地に落ちた現代では。

それなら、もう少しもっともらしく「多義性」という語を持ち出したらどうだろう。「駄洒落も掛詞も語の多義性を利用した修辞である」と言えば、現代の西欧詩学が多義性や曖昧性をいたく持ち上げていることでもあり、「そういえばジェイムズ・ジョイスも」などといろいろ思い合わせて、なにやら急に駄洒落と掛詞がありがたく見えてこないだろうか。

もちろんありがたがる必要は一向にないのだが、多義性の利用が必ずしもつまらぬものでないとは思ってもらえるだろう。それに理屈からいっても、駄洒落と掛詞とが「多義性の利用」という共通点の他に相違点をも持つとすれば、二つは同じものではなく、従って掛詞が駄洒落の「つまらなさ」を共有するとは言えないだろう。では、相違点は何か。とりあえずは一つ挙げておけば十分であろう。洒落や駄洒落は機知によって読者（あるいは聴衆）をニヤリとさせるものである。しかし掛詞は決して機知をひけらかすものではない（第一そのほとんどは伝統的な用法であってオリジナルなものは少ない）。もし読者がその機知に喜んで笑い出したりなどすれば、それは文学作品の掛詞としては失敗であったと言ってよい。こうして、洒落と掛詞とはその仕組みが同じであるとしても、その機能が異なるのである。

もっとも、日本文芸の幅は十分に広いから、中には機知を喜び洒落を楽しむものもある。その最たるものは狂歌であろう。

世の中に蚊ほどうるさきものはなしぶんぶと言ひて夜も寝られず

「蚊ほど」を「かほど」（これほど）、羽音の「ぶんぶ」を「文武」と読み換えれば、たちまち政治批判の歌となり、徳目の押しつけにうんざりしている向きは溜飲を下げることになる。とはいえ狂歌は自ら「狂」と言うくらいだから、日本文学の正統からははみ出した位置にある。

さらに和歌の伝統を遡れば、『古今集』に言葉の多義性を操る機知そのものが一首の眼目となっているような歌の一群を見出す。巻第十の物名歌である。これは物の名前を織り込んだ歌のことで、たとえば「ほととぎす」を題とすれば、

来べき程時過ぎぬれや待ちわびてなくなる声の人をとよむる＊　藤原敏行

「程時過」に「ほととぎす」を詠み込んである（「とよむ」は声の響くこと）。

この種の歌は言語遊戯にすぎないから、当時としても重視された気配はないし、やがて勅撰集では物名歌という部類そのものが姿を消してしまう。といっても、歌の世界から消えてしまうわけではない。座興としては機知を競う言語遊戯は面白いから、別の形で大いに流行することになる。中世初期の連歌がそれである。初期連歌の規則は後代と異なり、各句に物の名前を織り込むものであった。何を織り込んでもいいというのでは面白くないから、初めに詠み込む物の種類を定める。これを賦物《ふしもの》という。そこでこの連歌を賦物連歌という。たとえば一条兼良邸での連歌に、長句に『源氏物語』の巻名、短句に国名を賦した百韻がある。その一部。

雨ののち月のうす雲たち消えて
雁のとわたる空の通ひ路
小山田のふもとの野分吹く暮に
稲葉の刈り穂いまつくるなり

来べき程…（ほととぎすのデートを想定して）来るはずの時刻が過ぎてまだ相手が来ないのだろうか。恋人を待つつらさにほととぎすが啼いている。その声の美しさが人間を感嘆させるのだ。

「薄雲」「野分」が源氏の巻名、「能登」「因幡」が国名である。『源氏』の巻名は五十三、長句は五十韻。三つしか余らない。ということは、終わりのほうでは作者はかなり苦労したであろうし、その困難を突破する機知に会衆は拍手を贈ったであろう。

しかし、これらはあくまでも言語遊戯の域を出ないと考えられていたようである。藤原定家は晩年に連歌を随分と好んだが、自分の歌集を編む時、それを一首も入れなかった。定家ばかりではない。当時の歌人が数多く詠んだはずの連歌作品は、当人がこれを遺そうとしなかったために（和歌のほうはたいてい自撰集があるのに）、今日読むことのできるものは僅かしかない。また連歌が詩文芸としての地位を確立するのは、賦物というルールを廃してからである。つまり、和歌に掛詞を駆使した当時の歌人さえ、多義性の利用が機知の面白さに止まるならば、それは所詮座興にすぎないとみなし、文学の正統とはっきり区別していたのである。物名歌や賦物連歌にみられる多義の仕組みは掛詞と同じものであり、広い意味での掛詞に数え入れても構わないけれども、和歌本来の掛詞とはその役割が違うことは承知しておく必要がある。一方は機知の放れ業を演じて観客の目を楽しませるものであるが、他方はそれを目指さない。むしろ機知が目に立って、手際の良さを感心されたりなんかしては困るのである。和歌は一首の全体で一つの力をもつのであって、掛詞という部分の芸が浮き上がるようでは、実は芸が足りないと言わねばならない。つまり和歌において掛詞は一首の全体に奉仕するものでなければならない。では掛詞の機能とは何か。それを考える前に、まず掛詞の実際を見ることにしよう。

同音反復と一語二役

海《わた》の底奥《おき》つ白波立田山いつか越えなむ妹があたり見む＊

『万葉集』巻第一の歌。波の「立つ」に「立田山」を掛けている。この掛詞は伝統の用法となって多くの歌に用いられた。おそらく最も有名なのは『伊勢物語』に引かれた次の歌であろう。『古今集』では巻第十八に収められている。

風吹けばおきつ白波たつた山夜半にや君がひとり越ゆらむ＊

掛詞の例としてもう一つ、『古今集』から在原行平の歌をあげておこう。これは『百人一首』にも選ばれた。

立ち別れいなばの山の峰に生《お》ふるまつとしきかば今帰りこむ＊

海の底…海の底深く白波が立つ。立田山をいつ越えられるだろう。はやくあなたの家のあたりを見たい。

風吹けば…風が吹くと沖に白波が立つ。盗賊の出る立田山をこの夜半にあなたは一人で越えてゆくのでしょうか。（「白波」は盗賊の意味をもつ。）

立ち別れ…九七ページの注を参照。

行平が因幡の国に赴任する際の歌といわれる。「去なば」と「稲羽山」、「松」と「待つ」を掛けて、今は別れてゆくけれどもあなたが待っていると聞けばすぐに帰ってこようというのである。

これらは典型的な掛詞であるけれども、そのほかに掛詞の前段階ともいうべき修辞の形が二つあることに注意しておきたい。一つは、同音の異なる語を並べるものである。『万葉集』に例を求めれば、

河の辺のつらつら椿つらつらに見れども飽かず巨勢《こせ》の春野は＊

飫宇《おう》の海の潮干の潟《かた》の片思《も》ひに思ひや行かむ道のながてを＊

「つらつら椿」は列をなして繁る椿。「潟」は干潟。いずれも序詞となって「つらつら見る」「片思い」に結びつく。『古今集』にも、たとえば紀貫之の次の歌がある。

敷島の大和にはあらぬ唐衣頃もへずして逢ふよしもがな＊

「唐衣」までは序詞だが、その「衣」が「頃も」と同音である。つまり「ころも」という音の繰り返しがこの歌の趣向になっている。ここで「ころも」を一つ省略して「唐ころも経ずして」と続ければ、たちまち掛詞の歌となるであろう。そのかわり同音の繰り返しが生む調子の良さは

失われる。つまり同音異義語の並置は、同音反復という、掛詞に代えられぬ効果をもっているのである。

もう一つの形は、一語の意味を二重に使いながら必ずしも同音異義とは言い難い場合である。同音異義とは音が似ているだけで元来は別の二つの語であるけれども、これは同じ語に二つの役を演じさせるものである。たとえば「長い」という語は空間の長さにも時間の長さにも用いられる。同じ言葉が用法によって相貌を変えるわけである。そこで柿本人麻呂の有名な歌が生まれる。

あしひきの山鳥の尾のしだり尾のながながし夜をひとりかも寝む*

夜の長さと尾の長さを掛けたこの「ながながし」を掛詞に数えるかどうかは見方によるだろう。この歌はもちろん『万葉集』のものだが、『古今集』からも例を拾っておこう。

飛ぶ鳥の声も聞こえぬ奥山の深き心を人は知らなむ**

河の辺の…河のほとりに椿が数多く並んでいる。巨勢の春の野の景色はいくら見ても見飽きることがない。
飫宇の海の…飫宇の海の干潮時にできる干潟。片思いの恋にあなたを思いつつ長い道を行こう。
敷島の…日本にはない唐衣。はやくあなたに逢えるといいが。(「敷島」は「大和」にかかる枕詞。)
あしひきの…山鳥の垂れ下がる尾の長いこと。長い夜を一人で寝るのか。(「あしひきの」は「山」にかかる枕詞。)

吉野川いは波たかく行く水のはやくぞ人を思ひそめてし＊

前の歌の「深き」は山の深さと心の深さを掛け、後の歌の「はやく」は速度の速さと時期の早さを掛ける。一つの語も、二つの句の交叉点に置けば、二重の役割を担うのである。

ところで、右にあげた二種の修辞形の例歌は、いずれも序詞と本体の接合部に同音異義の仕掛けを施している。同音の二語を並べる時には、序詞の末尾と本体の初めに配置し、一語二役の場合には序詞の末語と本体の初語を兼用させるのである。もちろんこの二種の仕掛けの全てが、このように序詞と本体の接合部に置かれているとは言えないであろう。しかしその多くが、とりわけ同音異義語の並置の場合には大部分がそうだとは言えそうである。そして二つの句の接合部に同音異義語を一つだけ置けば、例えば『万葉集』の次の歌ができあがる。

玉鉾の道行き疲れ稲筵しきても君を見むよしもがな＊

「しきても」が「敷きて」と「頻きて」（頻繁に）を掛けている。こうなればもう押しも押されもせぬ掛詞である。

こうして掛詞の前段階として、同音反復、一語二役という二つの形があるとすれば、掛詞という仕組みは、一面では同音反復と、また一面では一語二役と同じ働きを持つであろう。従って、同音反復、一語二役という仕組みが持つ機能を手掛りに、掛詞の機能を考えることができるであろう。先まわりして言うなら、それは言葉を不透明にする機能、及び浮遊する語を結び付ける機能である。

不透明な言葉

昔から「歌詞《うたことば》」は「ただの詞」と同じであってはならぬと言われてきた。歌が言霊を宿して力を持つためには、なんらかの仕掛けによって言葉が記号であることを越え、モノの自立性を手に入れなければならないからである。その仕掛けを本居宣長は「あや」と呼んだ。「あや」の第一は言葉に形式を与えることである。形式といえばまず五七五などの定型がある。宣長も「あや」の最初にこの五言七言の調子を挙げている。もう一つの形式として対句のあることを私たちは既に見たが、これをもう少し広く考えれば、句の対称（シンメトリー）ないし並行（パラレリスム）ということである。西欧の詩ではこちらの方が形式としては重要である。つまり同形の韻律の反復である。

＊＊**飛ぶ鳥の**…飛ぶ鳥の声さえ聞こえぬほどの山の奥深く。あなたを思う心の深さを知ってほしい。
吉野川…吉野川は岩にあたる波も高く水の流れが速い。私は早くから（ずっと前から）あなたを好きになっていたのだ。
玉鉾の…道を歩き疲れて（休むために）稲筵を敷く。頻繁にあなたに逢いたい。（「玉鉾の」は「道」にかかる枕詞。）

ローマン・ヤコブソンの「言語学と詩学」は現代西欧詩学の出発点となったといってもよい記念碑的論文であるが、その中で後に最もよく詩学者たちに引用されることになったのは、「等価の原理を選択の軸から結合の軸へ投影する」という詩的機能の定義である。このお呪《まじな》いめいた文句を平たく言えば、「同類の言葉を繰り返す」ということである。同類には意味と音の二面があるから、要するに類義語ないし同音の繰り返しである。しかしこの定義から西欧人がまず思い浮かべるものは、当然ながら、押韻であろう。ヤコブソン自身が主として押韻およびそれを代表とする詩行の並行構造に注目したこともあって、彼に刺激を受けた研究に音韻や文章構造の反復を扱うものが多いのも不思議はない。その成果の一例が先に見たサミュエル・レヴィンの「対構成」理論である。すなわち同じ句型（文法的にか音韻的にか）が反復され、かつその各詩行の同じ位置（頭とか尻尾とか）に類似の要素（意味の上でか音の上でか）が反復される、という一種幾何学的な対称図式である。

和歌も、長歌の場合は、五七／五七／……という単位で句型の反復があり、対句を仕込みやすい。ところが、五七五七七という短歌型でこれをやると、最後の七が浮いてしまう。まして五七五／七七と分かつ時、もはや幾何学的対称構造はとりにくい。シンメトリーを好まないという日本人の美意識は既にこのあたりから始まっているのかもしれない。それでも無理矢理対句を仕込んだ歌がないわけではない。例の蟬丸の歌がある。

これやこの

行くも帰るも　別れては
知るも知らぬも　逢坂の関*

初五の句「これやこの」を外せば、きれいな対称をなしている。この歌は例外的な成功作だが、それでも技巧のあとが目立ちすぎて、いささか深みに欠けると言われても仕方のないところがある。結局、短歌においては、並行つまり同一構造の反復という形式は、あまり流行らなかったといえる。

しかし歌人は、別の形で短歌に反復を仕込んだ。それは音の畳み込みである。

河の辺のつらつら椿つらつらに見れども飽かず巨勢の春野は

押韻の場合、同音の反復は、それらの音が各詩句の同じ位置（頭とか尻尾）にあるため、単なる要素の反復ではなく文章構造の反復（平行性）として受け取られる。しかし右の短歌の場合、あくまでも要素の反復にとどまる。従ってこれは、一首全体の構造形式に関わるものではない。一首の言葉の流れ、言い換えれば調子に関わるのである。比喩的に言えば、作品の空間形式ではな

これやこの…これこそが、行く者も帰る者も、知る者も知らぬ者も、別れてはまた逢うという、逢坂の関である。

く時間形式に関わるのである。

例えば右の歌の場合、「つらつら椿つらつらに」の部分は他の部分に比べて文の流れが急迫しているように感じられないだろうか。何もこの部分を読む時に、物理的時間が短くなるというわけではない。心理的にそう見えるのである。理由の一つは、ここに独自のリズムが生じることにある。同じ音が繰り返される時（「つばき」と「つらに」もUAIという母音の反復があることに注意）、進行に一種の調子がついてトントンと前に走ってしまう感じになる。この時言葉の表面的な音に注意が集まり、深く意味を探ろうとしない傾向が生まれる。つまり内容を十分に汲み取らないうちに、意識の表面だけはブレーキがかからず先へ進んでしまう。言わば、足下が重く絡まっているのに頭だけは走るのが止まらないという、前のめりの状態になるのである。

また考えられるもう一つの理由は、ごく短い時間ではあれ、錯誤と訂正という作業が読者（ないし聞き手）に課せられることである。同音の語が繰り返される時、一瞬それが同じ言葉の反復であるかのような錯覚を生ずる。新しい情報ではないと思う。情報の密度が薄くなる時、理解の努力からふと力が抜ける。ところが続く言葉（「見れども飽かぬ」）によって、同じ語と見えたものが実は同音異義語であったことが明らかとなる。意識はあわてて解釈を訂正しなければならない。もちろんこれは言葉にいうほど面倒な作業ではなく、軌道修正は瞬時に行われる。しかし一瞬とはいえ軌道にズレが生じたとすれば、その時、語の知覚の進行に内容の理解が立ち遅れたわけであり、これもまた前のめりの状態であると言ってよい。こうして、歌を読み進めることを荷を担いでゆくのに譬えるなら、右の歌では「つらつら椿つらつらに」の部分で荷が軽くなったように思え、その後軽いと思った分だけ一層重くなるわけである。これは時間の流れ方にメリハリをつけることになる。このようなメリハリは「ただの詞」にはないものであり、言葉を透明な記号から不透明な物体へと転化させるであろう。これは、押韻などによる言葉の空間的形式化がもつ機能と等しい。

さて、同音の繰り返しが一瞬同語反復に見えるとすれば、「つらつらに」はそれによって「列なって」と「じっくりと」の二義を帯びるわけである。とすれば、この時「つらつらに」はほとんど掛詞と同じ立場にあると言ってよい。というより、掛詞とはまさに繰り返される同音語の片方を取り去ったものである。

掛詞の場合、「同音」という等価性は、並行するのでもなく、連続するのでもなく、表裏に重なり行くことになる。映画でいえばオーバーラップである。この時、同音反復に比べて、その効果は何が違い、何が同じであろうか。

まず、リズムは生じない。従って調子の良さは失われる。しかし、『万葉集』に多い同音反復が次第に廃れていったのには理由があるだろう。歌人たちは、歌における言葉のなだらかな流れを好み、はっきりとしたリズムや調子を好まなくなったのである。音の形式、それも歌の一部の形式が浮き上がってしまうことは、歌の全体が心に訴える力が弱くなってしまうと考えたからであろう。音という表層に注意が集まりすぎると内容への注意が不足しがちであり、結局、蟬丸の歌がそうであったように、深さに欠ける場合がある。また、部分の印象が突出すると、歌の一首全体の姿の優美が損なわれることがある。後代の歌人たちは技巧を凝らしながらも、技巧が過度に目に立つことを忌み、その工夫が一首の流れの必然の内に融けこむべく努力したようである。同音の反復による調子の軽快が、幽玄優美を目指す歌人に好まれなかったのは当然かもしれない。

一方、解釈過程の軌道修正という読者の作業はより大きくなる。例えば「音にのみきくの白露」と言えば、読者は「音にのみ聞く」でいったん解釈の歩みを止め、さらに一語あと戻りした上で「菊の白露」を意識に上げなければならない。言葉における記号（音ないし文字）の知覚と意味の理解は同時進行しない。言葉が透明な記号である時、私たちは、じかに意味を受け取っているように感じ、その言葉が「どんな形」であったかをほとんど意識しない。しかし、知覚と理解が同時進行しない時、私たちは、記号の「形」そのものをいったん記憶内に留保し、改めてその意味の可能性を検討しなければならない。つまり、普通なら、知覚→解釈という二段階の作業が、知覚→記号の形の客体化→解釈という三段階になるわけである。この時、「言葉の形」が意識に上るとは、言葉が不透明な物体として私たちの前に立ち現れたということである。

こうして掛詞において、リズムという形式感は失われるかわりに、言葉の抵抗感が増し、その形が客体として現れることにより、「歌詞」と「ただの詞」の差異を強化するのである（ヤコブソンの言い回しを借りるならば、これは「メッセージそのものへの焦点合わせ」であり、言葉の「物化 reification」である）。即ち掛詞は、同音反復や詩句構造の並行化などと同様、詩的言語における言葉の不透明化という機能をもつのである。

異質なものの結合

さてもう一つ掛詞の役割がある。それは二つの句を結びつけるという統辞の機能である。通常言語の文法では、句を関係づけるのは接続語（接続詞及び接続助詞）である。しかし「あや」という詩的言語のための文法には、また別の統辞法があるのだ。

接続語の表す句の関係は多様であり、その分類法も人によって違うようだが、単純に考えるなら記号論理学が命題間の関係として認める三形式を借りておくのが便利であろう。「甲または乙」という「選言」（p∨q）、「甲かつ乙」という「連言」（p∧q）、「甲ならば乙」という「条件（または含意）」（p⊃q）である。これに「ではない」という「否定」（～p）を加えれば、論理的演算は全部できる。

句の関係で実際に多いのは「条件」と「連言」である。「条件」は因果関係を示すもので、例えば、

犬が西を向けば、尾は東を向く

といったたぐいであり、「連言」は並べたてるもので、

鷺は白くて、烏は黒い

などのたぐいである（接続語は時枝文法にいう「辞」であって、客観的に事態を叙述するというより、事柄への語り手の主観的態度を表すという側面があり、このために事情はかなり複雑になるのだが、これについてはここで立ち入らない）。

接続語は関係を示す。ということは、関係さえ明らかなら、接続語は省いてもかまわないということである。

立てば芍薬（かつ）座れば牡丹（かつ）歩く姿は百合の花

しかし逆に言えば、接続語があっても、関係が不明瞭なら日本語として奇妙なものになる。例えば、

犬が西を向けば、尾は黒い
鷺は白くて、烏は東を向く

といった文に出会う時、現代詩を読んでいるのでなければ、たいていの読者は誤植ではないかと疑うだろう。犬の文では因果の関係があるとは見えず、鷺の文では前後の二句に「色彩」などの共通の視点がないため、文を貫く著者の関心がわからないからである。部分的に句の意味が通じ

ても、句を結合して何が言いたいのかわからなければ、その文は意味を成さぬとされ、不完全なものと見なされる。

ところが、ここに何らかの「あや」が施されると、二句の関係が論理的にはわからなくとも、文として完全であり、全体として一つの意味をもつかのように見えてくる。言い換えれば形式上の関係によって文を統合することにより、内容上の関係の曖昧さを乗り越えてしまうわけである。もちろんこれにはさまざまの方法があり、七五調の定型に入れてしまうだけでもかなりの効果がある。また言うまでもなく、韻律の並行を用いる方法もある。しかしここに形式性が目に立たぬまま、極めてなだらかに二句をつないでしまう手がある。二つの句の結合部に同一の語を置く、あの一語二役である。

飛ぶ鳥の声も聞こえぬ奥山の深き心を人は知らなむ

「飛ぶ鳥」から「深き」までの統辞は自然であり、「深き心」以下の詞続きもまた異常はない。しかも「深き」が双方に掛かっているため、上下二句の間に切れ目がない。切れ目がないということは、とにかく一つにつながったものとして受け取られるということである。形式上一つのものであるとすれば、内容の上でもこれを一つのものとして解釈しなければならない。中央線に乗っていたはずの読者は、いつの間にか山手線に乗っている自分を発見する。しかし駅で乗り換えた記憶がないとすれば、二つの線は実は一つであると考える外はないのである。

同一語が同音異義語になったとしても、その機能は変わらないであろう。つまり掛詞とは、通常言語の接合とは異なる形で（つまり非論理的な形で）二つの句を接合する統辞法なのである。

中世の歌論書『悦目抄《えつもくしょう》』は二種の掛詞をあげている。語の多義にとどまる「秀句」と文の多義である「聞きしれ」である。いずれも表裏二義を含み、表の意味を「上」、裏を「下」と呼ぶ。「秀句」の例としてあげられたのは、

梓弓はるは桜の

という句で、「はる」は弓を「張る」と季節の「春」を掛ける。この時、「張る」は上、「春」は下とされる。また例えば、恋焦がれている思いを相手に訴えたいが、あからさまに言葉に表すのは恥ずかしい時、舟や紅葉などによそえることがあると言われる。

紅葉ばのこがれて物の悲しきは

これは「聞きしれ」の例である。表向きは紅葉が深く色づいてゆくのを見るともの悲しくなるということだが、裏には焦がれる思いのために悲しいという自分の気持ちが語られている。これを「聞きしれの上下」という（舟の場合は「漕がるる」を用いるのであろう）。

「梓弓張れば桜の」と言えば、論理がわからないと言われよう。「梓弓そして桜の」と言えば、

並置の視点がわからないと言われよう。しかし「梓弓はるは桜の」と言う時、「梓弓張る」と「春の桜」は、意味上の関係の不明瞭を問われることなく、同時に読者に受け入れられてしまうのである。これを結び合わせることは読者の責任となる。だが歌の実例を引いて考えよう。

建仁三年（一二〇三）二月下旬、定家は歌人仲間に誘われて大内（内裏）の花見にでかけた。歌を詠み、連歌を行い、酒を汲み、彼らを見て歌を詠みかけてくる女房らの相手をし、日暮れてのち笛を吹きつつ帰るという、いかにもよき時代の王朝の名残をとどめる遊宴であったらしい（定家の日記『明月記』及び『源家長日記』）。その時彼らは銘々花の一枝を折り、そこに自分の歌を置いた。定家の歌はこうであった。

春を経てみゆきになる〻花の蔭ふりゆく身をもあはれとや思ふ

「みゆき」は「行幸・御幸」と「深雪」を掛ける。桜の散る光景を雪の降るのに喩えるのは和歌の約束事であるから、「深雪」「花」「降りゆく」という語の系列は、桜が雪のように降りしきるさまを表す。また、「行幸に慣る〻花」とは大内の行幸に慣れている花であるから、紫宸殿《ししんでん》前の左近の桜ということになる。そこで、この歌の表の意味はこうである。

「もう何年も春になると行幸をうけるこの桜の（或いは、幾年もの花の春と雪の冬を経てきたこの桜の）花が雪のように降りしきるさまは感動的ではあるまいか」

さてここで、歌の表にはあらわれていないが、居合わせた者が皆承知していたこと、すなわち定家自身の身の上を知らねばならない。彼は既に十数年の間左近次将であり、常に人よりも出世の遅いことを嘆いていた。そして天皇の大内行幸の際、左近次将は左近の桜の下に立つ慣わしであった。「ふり」は「降り」と「古り」の掛詞であることを思えば、この歌は次のような述懐（不遇の嘆き）を下に籠めることになる。

「うんざりするほど多くの春を、私は行幸の度に左近の桜の下蔭に立ってきた。いつまでもこの身分を抜け出せぬままに老いてゆく身を気の毒だと思ってくれるだろうか」

こうして「みゆき」「ふり」という二つの掛詞は、雪のように降りしきる桜の花のイメージと、官途不遇を嘆く定家の怨み言という全く異質なものを一つに結び付けてしまうのである。日常の文章において私たちは、そこで述べられている内容の各単位はなんらかの合理的な関係にあることを期待している。因果関係（条件）や共通の視点（連言・選言）、あるいは類似（隠喩）や隣接（換喩）の関係等。ところが掛詞は、内容の上で何の合理的な関係もない単位を、音が共通しているというのをたよりに結び付けてしまう。文章における内容の首尾一貫性を守るための地道な歩みを一蹴して、掛詞は軽々と常識の柵を跳び越えてしまうのである。しかし私たちはその常識の粉砕をむしろ快いと思うのではあるまいか。少なくとも、その柵を跳び越えないかぎり詩的世界に入ることはできないとは、誰もが了解しているのではないだろうか。

こうして、掛詞は互いに疎遠な内容を強引に結び合わせる仕掛けであると言える。しかしこの仕掛けは、一歩間違えればナンセンスに陥るだろう（というより、同じ仕掛けはナンセンスを生みだすためにも用いられるのである）。そうならぬためには、疎遠な二つのものの出会いが、一種の関係を生じなければならない。例えば、右の定家の歌では、降りしきる内裏の桜の華麗であるほど、その花蔭に立つ定家の思いはますます暗くなってゆくであろう。それは論理的な関係ではない。しかし私たちは確かにそう感じるのではあるまいか。ちょうど歌舞伎『夏祭浪花鑑《なつまつりなにわのかがみ》』の殺し場で、背後に響く宵宮の祭囃子の楽しく賑やかであるほど眼の前の殺人が凄惨に見えてくるように。定家の歌の散りゆく花を、不遇の嘆きの「象徴」というのは適当ではないかもしれない。しかしこの二つのものが一種の照応関係にあるとは言えるだろう。そしておそらく象徴という関係は、この照応関係の一派生形なのである。

さらに考えてみれば掛詞は、必ずしも疎遠なものを照応させるだけではない。意味の上で親近性のあるものを照応させることもある。この時生じる効果は、隠喩ないし象徴に近いこともあるだろう。例えば、同じく「ふる」の掛詞を用いた小野小町の歌がある。

　　花の色はうつりにけりないたづらにわが身世にふるながめせしまに

「ながめ」は「長雨」と「眺め」即ち物思いにふけって一所をぼんやりと見ていることを掛ける。「ふる」は雨の「降る」と我が身の「古る」を掛ける。この歌もまた上下の二義を持つ。まず上の意味を取れば、

「長雨の降り続くうちに美しい花の色は褪せてしまった」

となり、下の意味を取れば、「花の色」は美女の容色の隠喩となって、

「物思いを重ねているうちに私の容色は衰え、無為のままに年とってしまった」となる。この二つの意味は、掛詞によってしっかりと重ね合わされる。私たちは上下の意味が互いに絡みあうのを感じる。美女が雨に打たれる花をじっと見つめるさまさえ想像されるであろう。そんなことは少しも言われていないのだが。そしてこの二つの意味は、条件でも連言でもない、別の関係にあることがわかるだろう。つまり照応関係である。色褪せた花は容色衰えた美女の隠喩となる。だがそれだけではない。その美女が花と雨に何を想うかを思いやる時、この花はまた象徴として働き始めるのである。序詞を掛詞で下句につなぐ時、多くが物のイメージを序詞とし、下句で思いを語るものであったことを思い返せば、掛詞とは、日常的文法では無関係でしかない物と心とを強引に結合し、照応させ、場合によっては隠喩や象徴を生み出す統辞法であると言えるだろう。つまり「寄物陳思《きぶつちんし》」のための仕掛けの一つなのである。

文脈による多義化

さて、私たちは掛詞に、言葉の不透明化および疎遠な句の統合という二つの機能があることを見てきた。しかし多義性が日本の文学的伝統の中で果たした役割はこれにとどまらないであろう。そこで最後に、掛詞ではないが、掛詞の延長線上にある一つの歌の作法について触れておこう。それは連歌における「とりなし」である。

先に私たちは、掛詞の素朴な形として、一語二役のケースを見た。例えば「奥山の深き心を」

という時、「深き」は空間の深さと思いの深さと、二つの意味を担うわけである。このような現象がおこるのは、「深き」という語の厳密な意味は、コンテクストを与えられてはじめて確定されるからである。つまり「山」というコンテクストが与えられれば空間上の意味となり、「心」というコンテクストが与えられれば思いの深さを指すことになる。同様に「はやい」という語は水の流れというコンテクストを与えれば速度の速さを表し、恋を始めたというコンテクストを与えれば時期の早さを表す。こうして同じ言葉も前後にどのような言葉があるかによって、異なる意味相を露わにするのである（同音で二語の働きをもつ掛詞の場合も原理は同じである）。

複数のコンテクスト付与による多義化という方法は、語の場合のみならず、句や文においても可能であろう。これを積極的に利用したのが連歌であった。連歌とは、周知のように五七五の上句と七七の下句を別人が交互に作ってゆくものである。「水無瀬三吟《みなせさんぎん》」から例をとれば、

A　昔より唯あやにくの恋の道　肖柏《しょうはく》
B　忘られがたき世さへ怨めし　宋長《そうちょう》
C　山賤《やまがつ》になど春秋の知らるらむ　宗祇《そうぎ》
D　植ゑぬ草葉のしげき柴の戸　肖柏

昔から恋はうまくはゆかぬものというAの句に、いまなお失敗した恋が心残りだと付けたのがBの句である。（「世」は男女の仲を指す婉曲表現。）ABの二句は一体となって、一首の歌のように一

つの意味を表す。この時、ＡＢは互いに他のコンテクストとなって、その意味を限定している。さて次の句の担当者である宗祇は、同様にＢＣの二句によって一つの世界を表すようにＣを作るのであるが、この時、ＡＢの詩境とＢＣの詩境は別物でなければならないという約束事がある。それにはどうすればよいか。Ａとは異なるコンテクストをＢに与えれば、Ｂの意味は変わってしまうであろう。宗祇のＣの句は「賤しい山人に中国の古典『春秋』が理解できようか、できるはずがない」という意味である。これによって、Ｂの句は、没落して山奥に隠栖した者が過去の華やかな生活を想いやっている心になる。このように、前句の言葉に別の光をあてて別様の意味を取り出す作業を「とりなし」と呼ぶ。宗祇は恋の句を世捨て人の心境にとりなしたわけである。次に肖柏は、宗祇の反語の句を額面通りの疑問にとりなす。「どうして山賤に春と秋の区別がつくのだろうか？」その答えがＤである。「門前に自生する草葉の茂る様子で季節がわかるのだろう」

談林の俳諧連歌に至ると、「とりなし」による意味変容はさらに奔放となる。能勢朝次が『連句芸術の性格』に引いた西山宗因の独吟から例を借りよう。

Ａ　恋すてふ道は闇やら涙やら
Ｂ　一寸先を切つてやる指
Ｃ　捕へたる掏摸《すり》が命や助くらん

恋の道は闇夜のように先が見えぬというＡの句に対し、Ｂは「一寸先は闇」という成句と「指切り」という恋の誓約を持ち出した。一寸先は闇の恋路も、指切りの約束をすればその闇が切り開かれ、多少は光が射すであろう、というのである。しかし、Cというコンテクストを与える時、Bからは「一寸先は闇」も恋の誓約も消え去ってしまう。BCの二句を一首として見る時、私たちは、捕えた掏摸の命を助けてやる代り二度と悪事を働けぬよう指を一寸切り取るという、いささか残酷な光景を思い浮かべるだろう。同じBの句が、AとCというコンテクストの違いによって、別の意味を表すのである。

こうして、連歌においては、各々の句が、次句の作者の「とりなし」によって多義化され、一種の掛詞と化す。言葉は常に曖昧な記号であり、コンテクストによって意味が限定されるにすぎないという性質を逆手にとって、言葉があやなす仮象空間に遊ぼうとしたのが連歌であった。このような形の連歌が成立するためには、言葉に対する十分なニヒリズムと、その創造力に対する十分な信頼が必要である。連歌の隆盛と完成が定家らの新古今時代のすぐ後に来たのは、従って、偶然ではないであろう。定家こそ言葉の虚構性と創造性をはじめて強く自覚した歌人であったのだから。

七　縁語——言葉の連鎖反応

唐衣きつつなれにしつましあればはるばるきぬる旅をしぞ思ふ
——在原業平

ゆかりの言葉

時代とともに語彙や文法は変わってゆくけれども、レトリックのパターンは余り変わらない。もじりや対句や掛詞は今もさかんに使われている。ところが近代以前は日本のレトリックの中心にありながら、近頃はさっぱり廃れてしまったと見える手法に縁語と本歌取がある。つまらないから捨てられたのだという見方もあるだろうが、本当につまらないものなら千年ものあいだ、あれほど大事にされるはずもない。ではいったい縁語とは何だったのだろうか。

まず実例から始めよう。『伊勢物語』によれば、東国に旅した在原業平は三河国八橋《やつはし》のほとりで「かきつばた」を題に歌を詠むことを求められ、次の歌を作ったという。

唐衣きつつなれにしつましあればはるばるきぬる旅をしぞ思ふ

「着る」も「馴れ（何度も着たので着物がくたくたになる）」も「褄《つま》」も「張る」もみな「衣」の縁語である。しかもこれらは「狎れ（親しくなる）」「妻」「はるばる」の掛詞となっている。さらにこの歌にはもう一つ仕掛けがある。五七五七七の頭の音を拾うと「かきつばた」という「題」が現われるのである。

組み立ての基本は、序詞を掛詞で主意の句に繋ぐというお馴染の方法であるが、縁語と掛詞が縦横に組み合わされて精緻な言葉の建築ができている。これを見事と見るかやり過ぎと見るかは人によるだろうし、たいていの歌はこれほどに凝ってはいない。この歌を初めに引いたのは、縁語と掛詞は組み合わせて用いられることが多く、その場合二つが縦糸と横糸の関係になることを見ておいてほしかったからである。

「縁語」とは、文字通りにとれば〈ゆかりの言葉〉という意味である。「袖ふり合うも他生の縁」

とか「縁は異なもの味なもの」とか、どちらかと言えば人と人との運命の色を帯びた関わりあいを指す「縁」の文字が、語と語の関係に用いられたというのは、いささか興味深いことではあるまいか。その昔「縁語」にあたるものは「寄せ」とか「寄合《よりあい》」とよばれた。これは今なら「関連」とか「関係」というほどのそっけない言いようである。しかし「縁」と言えば、身に負う運命を無視できぬように思えないだろうか。たとえば、私たちは何か事業を行うのに、ただ経済効率のみを計って人を雇い、取引の相手を選ぶことができる。しかし、そこに「縁」という観念が混入してくる時、たちまち義理人情のしがらみに絡めとられて、非合理な振舞に及ぶ羽目になる。これは時に犠牲を伴い、時に救いをもたらすだろう。が、いずれにせよ、私たちはこの「縁」が一つの行動原理であることを知っており、だからこそ（嬉々としてか嫌々かはともかく）夜の「付き合い」を決して軽んじないのである。公の建前からはまず褒められることのない「縁」に基づく行動が、私的な場ではむしろ「人間くさい」などと言われて共感を得たりするのは、合理的基準は冷たい約束事にすぎないけれど「縁」は人間として生きる者に訪れた運命であるかのように受け取られているからではあるまいか。

言葉においても、いささか事情は似ているようである。たとえば私たちは何事かの報告を求められた時、その「事」を要素に分解し、その要素に「語」を割り当てて、これを連ねる。すると伝えるべき「事」は、それを表すのに必要にして十分な「記号」に置き換えられたことになる。聞く人（読む人）はこの記号の表す限りで「事」を理解する。この時言葉は透明な媒体にすぎない。言い換えれば、いかなる「語」を用いるかを決めるものはただ語るべき「事」の内容である。この時、言葉同士の「縁」などの入り込む余地はない。たとえば、次の文は事のいきさつの必要にして十分な表現であるといえる。

東京都渋谷区×××、クラブホステスA子さん（二四）が自宅で殺された事件で、渋谷署捜査本部は、A子さんが交際していた男の犯行とみて捜査していたが、二十日午後、××区×××、おしぼり会社社員B夫（二四）を取り調べたところ、「借金のもつれで殺した」と自供したため、同日午後十時半、殺人の疑いで逮捕した（『朝日新聞』より。住所・実名部分のみ改めた）。

言葉の「縁」が視野に入ってくるのは、「表現」を組み立てる際に「内容」との対応だけでなく、「言い回し」そのものに注意を払いはじめた時、つまり修辞の意識をもちはじめた時である。すると、語が単なる「事項」を指示する記号ではなく、それ自体の重さや抵抗をもつ物体であるように見えてくる。さらに、これが生物のように見えてくるなら、歴史の中で引き受けてきた運命を、一つ一つの語が担っていると気がつくだろう。つまり、言葉のゆかりである。たとえば「露」の語はただ葉末《はずえ》に光るだけでなく、恋する者の頬をつたって袖に落ちるものでもある。「紅葉」は単に変色した葉ではなく、恋する者の涙の色でもある。こうして言葉の歴史的「縁」を文の組み立ての原理として採用する時、公的な文法からは非合理としか言いようのない語の結合が生まれることがある。

さむしろや待つ夜の秋の風ふけて月をかたしく宇治の橋姫＊　藤原定家

しかしこの時言葉は、透明な記号である限り持ちえないような力と生命とを獲得するように思われる。詩人がこれを利用しないはずがない。

「寄合」のシステム

言葉の縁には二つの方向があるだろう。一つは音の縁であり、もう一つは意味の縁である。音の縁とは、言うまでもなく地口、語呂合わせのたぐいであり、前章の掛詞がこれにあたる。意味の縁とは、「月」と「お盆」のようにどこか形が似ているとか（類似の関係）、「煙草」と「灰皿」のように近所付き合いをしているとか（隣接の関係）いうもので、つまりは縁語がこれにあたる。言い換えれば、掛詞と縁語とは、言葉の縁の二つの形なのである。だから『悦目抄《えつもくしょう》』では、掛詞のことを「縁の字」、縁語のことを「縁の詞」と呼んでいる。

『悦目抄』といっても御存知ない方が多いだろう。これは平安末期の藤原基俊《もととし》の著と伝えられる歌論書である。久曾神昇《きゅうそじんひたく》によれば「古来歌人の間に最も尊重せられたもので、現存する古写本は幾百の多きに上るようである」（『日本歌学大系』第四巻解題）という。写本が幾百というのは大変な人気である。もちろん印刷に付せられており、「正保二年『悦目抄』と題して出板され、ついで寛文六年『更科記』と題して出板せられた。又群書類従に収録せられて一般に流布し、明治以後には、日本歌学全書及び和歌作法集（和歌叢書）に収められ、最近は国語学大系にも収められた」（同）。そんなに人気のあった本がなぜ近頃問題にされないかといえば、実は偽書だからである。久曾神の推定によれば、鎌倉時代の『和歌肝要』をもとに鎌倉末あるいは吉野時代に『和歌大綱』が成り、これを原拠にいろいろ他の文献の内容を付け加えて『悦目抄』ができたのであろうという。藤原基俊などというのは真赤な嘘であるわけだ。ところが原拠の『和歌大綱』の方は現存写本が一つしかないという無名の悲哀をかこっているのに、『悦目抄』の方は二条家の秘伝書として「古来最も有名な書」（同）とまで言われるほどに出世した。なぜか。その理由は、中を開いてみれば何となく納得がゆく。偽書ではあるが、というより偽書であるがゆえの図々しさで、『俊頼髄脳《としよりずいのう》』『八雲御抄《やくもみしょう》』はじめ数多の歌論書の行文を臆面もなくとりこんでおり、結果的には伝統歌論集成に近いものになっている。しかも実作上の技術的な注意が多い。要するに、歌人にとっては大変に便利な本なのである。

　こうして中世以来珍重された『悦目抄』は、おそらくはかなりの影響を歌人たちに及ぼしたと推測される。この『悦目抄』に「首切れ歌」というのが紹介されている。「腰折れ」といえば昔から駄目な歌の代名詞だが、この「首切れ」は「腰折れ」よりもひどい最悪の歌体であるという。たとえばこういうものだ。

さむしろや…一七九ページ以降で詳述する。

五月雨《さみだれ》にしらぬ杣木《そまぎ》の流れきておのれと渡す谷のかけはし＊

この歌のいったいどこがいけないのか、おわかりになるだろうか。わからない方が普通だと思う。なんと掛詞も縁語もないのがいけないというのである。『悦目抄』の言い分を聞こう（以下、歌論は原則として現代語に訳して引用する）。

「『五月雨にしらぬ杣木』としたのでは、掛詞も縁語もないために、つながりが切れてしまう。腰が折れたくらいなら這ってでも行くことはできるが、首が切れては命がない。これは最も忌避すべき悪い歌である。こういうものを詠んではいけない。師の教えによれば、この五月雨の歌は、同じ題でもこう詠むべきである。

五月雨はふるの高橋水こえて浪ばかりこそ立ちわたりけれ＊

これなら掛詞も縁語も揃っている」

「五月雨」と「降る」は縁語であり、「ふる」は雨の「降る」と名所の「布留」とを掛ける掛詞である。確かにこれによって、「五月雨のふるの高橋」という一連の語は緊密に連絡することになる。しかし、と読者は思われるのではあるまいか。悪いとされた「しらぬ杣木」の歌の方がイメージは鮮やかであり、「ふるの高橋」の歌の方は言葉のあやばかり目立って、語られた情景の焦点はかえって曖昧になっている、と。そして更に一歩進めてこう考えられるかもしれない。この二つの歌の違いは、そもそも作り方が違うことによるのではないか。「しらぬ杣木」の方は、五月雨のあとの谷川の情景に思いを凝らし、着想されたイメージを言葉によって表現するという作り方であるのに対し、「ふるの高橋」の方は、「五月雨」からまず「ふる」という縁語を思いつき、次に「ふる」を「降る」と「布留」の掛詞に利用しようと企むという、言葉の細工から制作に入っている、と。おそらく、その通りである。実は『悦目抄』は、これに先立って、次のような制作法を薦めているのである。

「歌を詠む時、いきなり歌を作ろうとするものではない。まず与えられた題（当時は題を定めて詠作するのが普通であった）に基づいて利用できる掛詞を思案せよ。（中略）掛詞を思いつかなければ縁語を捜して置くこと。掛詞も縁語も考えずいきなり歌を作ろうとするのは、材木もなしに家を建てようとするようなものだ」

また別の所では、このように言う。

「歌は必ず上から詠むものだと考えることはない。上からできる歌もあり、中からできる歌もあり、裾からできる歌もある。できない所から作ろうとすれば、終日終夜思案しても歌は出てく

五月雨に…五月雨のせいでどこからか材木が流れてきて、自然に谷に橋がかかった。

五月雨は…五月雨が降り、石上《いそのかみ》では布留川の水嵩が高い橋を越えてしまった。今やこの橋を渡っているのは波ばかりだ。

るものではない。掛詞でも縁語でも、思いついたものを当てはめてみて、うまく嵌るようならその部分をまず作り、そこを種として制作に取り掛かるのがよい」

『悦目抄』の和歌制作法は明らかであろう。内容の着想ではなく、言葉の着想から出発するのである。そして『悦目抄』が古来歌人に尊重されてきたとは、多くの歌人がこのノウハウを利用してきたということであろう。

実は連歌においても事情はよく似ていた。五七五と七七の句を交互に作ってゆく時、各句は前句に付けてゆくわけであるから、その付け方が問題となる。これを「付合《つけあい》」という。要するに、二つの句の関係をどうつけるか、ということである。もちろんこの関係は多様であって、既に二条良基《よしもと》の『連理秘抄《れんりひしょう》』（一三四九頃成立）にも十五種があげられている。その上彼は「此の外さまざまの付様侍れども、まづ少々しるすなり」と言い訳をしているくらいだから、付合の手口は相当早くからいろいろと取り沙汰されていたのであろう。これをいちいち説明する余裕はないけれど、大雑把に言えば、やはり二つの方法に大別できるのである。つまり、イメージなり情感なりの内容から関係をつけてゆくものと、縁語などの言葉から関係を仕立ててゆくものとである。前者の代表は「心付」と言い、後者の代表は「詞付」と言う。ところが連歌の付合はしだいに言葉の縁を主な拠り所とするようになる。歌道用語で言葉の縁を「寄せ」という。ここから、連歌の付合に利用される言葉の関係を「寄合《よりあい》」と呼ぶ。慣用となった「寄合」の体系を覚えれば、連歌の付合は容易にできるわけである。この「寄合」の成立は鎌倉末と言われるが、やがて連歌の付合は「寄合」によるというのが常識となってしまう。そこで「寄合」の教科書がいろいろ書かれるのであるが、ここでは良基の孫である一条兼良《いちじょうかねよし》が子供のために著したという『連珠合璧集《れんじゅがっぺきしゅう》』をあげよう。これは、歌によく用いられる語彙を天象・時節・獣類・恋等、四十二に分類し、その各々の語に対し、「寄合」となる語の一覧表を付けたものである。降物の部から「雨」の項を引こう。

「雨トアラバ

ふる　さはる　やまぬ　ぬるゝ　ゆふべ　身をしる　涙　水音　笠　蓑　木の葉　松風

桜狩　窓うつ　古郷　とまふく舟　たのむ木」

前句に「雨」という語があれば、「ふる」以下の語彙から適当なものを選んで付句を仕立てればよい、というわけである（雨の寄合はこれだけではなく、この他に「春雨トアラバ」「五月雨トアラバ」「時雨トアラバ」「村雨トアラバ」などの項がある）。この関係づけは《雨―降る》といった常識的なものだけでなく、古歌を中心とした古典文芸（『源氏物語』や漢詩文など）を典拠として連想されるものをも含んでいる。つまり、歌人の共有する伝統的言語宇宙における関係の全てであり、そのネットワークは「寄合」のシステムとして人々に書き抜かれ、整理され、意識的に利用されたのである。言い換えれば、連歌師たちは和歌世界独自の言語システムにたえず反省と検討を行い、それに基づいて言語を操作し、新しい句を組み立てていったのである。

たとえば宗祇は、

山ふかみ木の下みちはかすかにて

という前句にこう付けた。

松が枝おほふ苔のふる橋

「木」と「松が枝」、「道」と「橋」の関係はすぐわかる。また『連珠合璧集』によれば、「朽木」に「深山《みやま》がくれ」「橋」は寄合であり、「山」と「かけはし」、「苔」と「松が根」も寄合である。つまり、山・木・道・松・苔・橋などは一連のイメージの系を成しており、ある語がどのような系に属するかを知れば、一連の縁語が想起され、その選択と活用（「木─の下」とか「松が枝─おほふ」とか）によって句の材料は揃い、あとはそれを五七五にはめこむだけで、一応の句作はできたのである。

二つの詩作法

しかし、掛詞や縁語をまず着想し、それを土台に歌を組み立てていこうとする『悦目抄』流の作歌法は、現代人の目には邪道と映るかもしれない。詩歌とは、心の内にまず思いなり感動なりがあり、これを言葉に表すものである、というのがおそらく一般に染みわたった考えであろうから。内容は表現に先立つというこの芸術観を、西欧旧詩学の産物と片付けてしまうわけにはゆかない。というのは、これはまた『詩経』序以来中国詩論の基本であり、日本でも紀貫之の『古今集』仮名序以来折に触れて説かれてきたところであるからだ。そして明治以後、技巧に走りがちな『古今集』よりも真情を率直に表現しているという理由で『万葉集』が高く評価されるようになるに及んで、日本の短歌界ではおそらく主流となった考えである。

つまり日本の和歌史には二つの制作法の流れがあったわけである。一つは、掛詞や縁語など、核となる語（より正確には語の仕掛け）の着想から出発するものであり、もう一つは表現すべき詩想（昔の用語法では「心」ないし「境」）の懐胎をまず求めるものである（この二つの方式は、歌論史における「花実論」、すなわち歌の「詞」（形式）と「心」（内容）のいずれを重く見るかという議論と関わるのであるが、ここでは、「詞」と「心」は鳥の両翼、車の両輪にあたるというのが穏当な結論とされていたと述べておくことにして、深くは立ち入らない。当面の話題は《歌の作り方》であって、作品の価値の所在にまで問題を広げると話がややこしくなる）。

この二つの制作法は、京極為兼《きょうごくためかね》の言葉を借りるなら、「こと葉にて心をよまむとする」ものと「心のまゝに詞の匂ひゆく」ものとである。彼は、言葉の細工から歌を作ってゆく当時の風潮を非難し、曾祖父定家は何よりも詩境の獲得に心を苦しめたのであると説いた。

「恋の歌を詠む時は、衣を引きかぶって恋する者の心境になり代わり、涙を流しつつその心情を思いやって作ったということである」（『為兼卿和歌抄』）

また為兼は、当時の歌人が言葉の知識にむやみに詳しく、上句に「旅衣」とある時、「日数重ねて」とか「又たちかへる」などと続ければよく出来ていると褒め、望郷の念を深く詠んだ句などには一向に鈍感であるのを嘆いている（「たちかへる」は「立ち帰る」と「裁ち」「返る」の掛詞。「重ね」「裁ち」「返る」はいずれも「衣」の縁語。つまり掛詞と縁語を縦横に組み合わせた作り方である）。

連歌において、為兼と同じく言葉の指物細工による句作を非難したのは、宗祇の師心敬《しんけい》であった（連歌師といえば宗祇が最も有名だが、個人的感想を言わせてもらえば、心敬の句の方が一枚格が上だと思う）。「山ふかみ木の下みちはかすかにて」に付けた「松が枝おほふ苔のふる橋」という先の句は、実は宗祇が心敬に送って批評を乞うたものの一つである。わざわざ師匠に送るくらいだから多分自信作だったのであろう。なにしろ「松が枝」もあれば「苔」もあれば「橋」もある。ところが心敬は返書でこれを厳しく批判した。

「『松が枝』の語は、前句に『木』とあるのに対応させたのでしょうか。むしろ『松が枝』や『苔』などを捨ててしまい、ただ『橋』一つだけに絞って詠めば、深山の木の下路の凄さが出たでしょうに。愚作にこういう句があります。

篠かしげ橋に霜ふる山路哉

たいして取柄もない句ですが、末の五文字に『橋』の縁語を置いていません。ただ山路の木の根、岩の根に無造作に橋をうちかけてあるという様子を示して、水辺の物（つまり『橋』の縁語）を言わないところが作者の心を砕いた部分だと思っています」（『所々返答』）

心敬は縁語によって句を組立てるのを嫌った。同様に、連歌の付合においても、縁語を離れることを薦めた。心(内容)によって付けるべきだというである。彼は、付合に「心付」と「寄合」とがあるとする、実情からみれば穏当な意見を否定し、「心付ならぬ句あるべからず」(『老いのくりごと』)とまで言う。心敬が「寄合」の句作を批判するのは、為兼と同じで、深い心が詠めないという理由からである。

こうして、「やまとうたは人の心を種としてよろづの言の葉とぞなれりける」と語り始める紀貫之の『古今集』仮名序をはじめとして、今日重視される歌論書の多くは「詞」よりも「心」を優先しているようである。一方『悦目抄』の方は、基俊の名を騙る偽書ということで、その評価は地に墜ちている。つまり「こと葉にて心をよまむとする」制作法はすこぶる旗色が悪いように見える。しかし、為兼や心敬の批判の執拗さを裏から考えれば、当時の歌人たちの間では、むしろ「詞」から出発するものの方がどうやら普通であったように思われる。それに、「こと葉にて心をよまむとする」とは、詞だけで歌を作ろうというわけではないことに注意しなければならない。それは最終的には「心をよまむ」としているのである。それは「詞」の仕掛けを手掛りに出発しながらも、一語の重み、語間の照応の効果等を精密に計算し、試行錯誤を繰り返しつつ、一首または一句の全体で最大の意味の交響(即ち深い「心」)を孕むべく冷静な努力を行うのである。

ここですぐさま思い起こされるのは、エドガー・アラン・ポーが語った自らの詩作法であろう。彼は「構成の原理」と題するエッセイで、有名な『大鴉』の制作過程を公開した。その前置に言う。「その構成の一点たりとも偶然や直観には帰せられないこと、すなわちこの作品が一歩一歩進

行し、数学の問題のような正確さと厳密な結果をもって完成されたものであることを明らかにしたいと思う」（篠田一士訳）

ポーはまず長さを約百行と定めた。次に効果としては「美」を意図し、表現のトーンには「悲哀」を選んだ。ここまでは、三十一文字で深い心を詠もうというようなもので、抽象的な予備段階にすぎない。では具体的な一歩は何であったか。それは鴉という素材の発見でもなければ、恋人の死を嘆く男というモチーフの着想でもない。リフレインの一語を何にするか、という問題を解くことであった。いくつかの理由から「R」と「O」を含むという条件が課せられ、「Nevermore」の語が決定される。以下、この「Nevermore」の語を出発点としていかに素材やモチーフを決定し、『大鴉』という作品を組み立てていったかが明かされてゆくのであるが、それはあたかも名探偵が犯人を一人に帰納してゆくのにも似た手続きである。読者は、ポーが推理小説の元祖でもあったことを思い出すであろう。もっとも、ポーが本当にここで書かれている通りに『大鴉』を作ったのかという点になると、眉に唾をつける人の方が多い。川村二郎によれば、これを仏訳したボードレールさえ「多少のペテン臭」を認めていたし、T・S・エリオットに至っては、もしこの通りの手順で書かれたのなら『大鴉』はもっと出来がよかったはずだと評したという（『世界批評大系2　詩の原理』解説）。なるほどこのエッセイは記録というよりも寓話に近いかもしれない。しかし、ポーの言いたかったことは明白であろう。詩とは、「こと葉にて心をよまむとする」ものだ、ということである。たぶん彼の意図は、自分の楽屋を公開することではなく、「詩人は霊感に導かれて創造する」という美しい神話を葬り去ることにあった。「構成の原理」にたちのぼる胡散臭さは、ポーの芝居気のなせるわざであろう。
ポーがフランス象徴派の詩人に影響を与えたことは知られている。その一人、ポール・ヴァレリーの自作解説は、ずっと信頼がおける。彼が『海辺の墓地』を作った時、最初に心に浮かんだものは、十音綴から成るリズム形であったという。この着想はさらに十音綴六行の数節から成り「各節に多種多様な調子や機能を付与することによって確保されるある構成の観念」として形を整えた。
「ところがこの条件は、やがて生まれるべき詩が《われ》の独白であることを要求したのである。私の感情的知性的生活における最も単純な、最も恒常的ないくつかの主題、青年時代の私に強く印象づけられ、地中海岸の某所の海と光に結ばれたそれらの主題が、喚起され、織られ、対立させられるような独白である……」(「『海辺の墓地』について」伊吹武彦訳)
形式の着想が内容を呼び寄せたわけである。ヴァレリーはさらに一般化して告白する。
「私は、単なる形式上の諸条件から出発し、これらの諸条件がいよいよ反省の度を加えられ、――正確度を増して、ついにはほとんど……一つの主題、――少なくとも一群の主題を提供しましたは強制するに至るというように、私の作品を漸進的に発見して行きたいと夢想するのである」(同)
ポーが「構成の原理」を書いた時、「詩人は霊感に導かれて詩を作る」というもっともらしい俗説に苛立っていたように、ヴァレリーがこれを書いた時、「いったいあなたは何が言いたかったのですか」という質問にうんざりしていたという事情は斟酌しなければならないとしても、その言う所は信じてよいように思われる。つまりヴァレリーも、「こと葉にて心をよまむとする」

詩作法を採っていたのである。
もちろん西欧の象徴派詩人の詩作法がそのまま日本の歌人の歌の詠み方と同じと考えるのは危険なことである。しかし「心」の着想から出発することが必ずしも唯一の正しい道でないことは確かめられたであろう。そしてもし、ポーやヴァレリーの詩作法との類比が許されるならば、五七五七七の定型を前提とする日本の歌人にとって、リフレインや音綴のリズムの代わりに、縁語と掛詞が形式上の出発点となりえたと考えられるのではないだろうか。では縁語という形式などのような言葉の仕掛けであり、それはどのようにして「心」を手繰り寄せ、「一つの主題、――少なくとも一群の主題を提供しまたは強制するに至る」のであろうか。

語の縁の諸相

一口に「縁語」と言っても、語と語を結ぶ「縁」のあり方は一様ではない。前にも引いた定家の歌を例に考えてみよう。

来ぬ人をまつほの浦の夕なぎに焼くや藻塩の身もこがれつつ

＊「来ぬ人」という名詞に「待つ」という動詞が続くのは意味の上で自然な結合である。語法上当然に連想されるこの二語の関係は、統辞上の隣接関係である。

＊「松帆の浦」と「夕なぎ」とは『万葉集』の長歌（「淡路島松帆の浦に／朝なぎに玉藻刈りつつ／夕なぎに藻塩焼きつつ……」）を典拠として結び付く。これは本歌を場とする隣接関係である。

＊「焼く」と「焦がれ」とは意味の上で類縁関係にある。イメージとして〈焼けてゆく〉ことと〈焦げてゆく〉こととは似ているであろう。従ってこれは類似関係である。

＊〈もう来てはくれぬ人を待ちつづける〉とか〈身を焦がす思いをする〉という意味要素は《捨てられた恋人》という常套モチーフの圏内にある項目である。従って「来ぬ人を待つ」とか「身を焦がす」という句は、同一モチーフに共に属するという隣接関係にある。

＊〈海浜〉〈藻塩を焼く〉〈海藻が焦げる〉などは《塩焼き》というモチーフの圏内にある意味要素である。従って「浦」「焼く」「藻塩」「焦がれ」などは隣接関係にある。昔は浜辺に海藻を積み上げ、海水をかけた上でこれを焼き、塩を採ったからである。一方、見方を変えれば、〈凪〉〈塩焼き〉〈海藻〉などは《海浜》というモチーフの圏内にある。従って「浦」「夕凪」「焼く」「藻塩」もまた隣接関係にある。

＊「藻塩」は《恋》というテーマの圏内にある語である。というのは、海藻から海水の垂れるのを「藻塩垂る」と言い、これと「しほたる（涙をながして泣く）」とは類縁関係にあることが約束事となっていたからである（今日の研究では否定的であるが、当時は語源的に同じという意識もあったらしい）。つまり「藻塩垂る」と言えばそれはただちに〈恋のために涙にくれる〉ことの隠喩として理解されたのである（こうして《捨てられた恋人》と《塩焼き》の二つのモチーフは《恋》という大きなテーマに属する二つの下位圏として隣接関係にあることになる）。

こうして縁語の「縁」のタイプをいくつか取り出すことができる。

第一に、日本語の通常の用法から生じる縁がある。すなわち「来ぬ人」と「待つ」がそうであり、「衣」「着る」「馴れる」がそうであるような、統辞上の隣接関係である。

第二に、同じ意味の圏域に属するという縁がある。たとえば、《待つ恋》というモチーフの圏域には「待つ」や「しほたる」や「焦がる」などの語が属しているし、《海》という事象の圏域には「浦」や「凪」や「藻塩」があるだろう。私たちにもっと馴染深いのは季節であって、《五月》ならば「雨」「たちばな」「ほととぎす」、《晩秋》ならば「有明の月」「時雨《しぐれ》」「枯野の露」「虫の音」「砧《きぬた》」といった具合に語の組分けが決まっている。今でも書店に行けば『季寄せ』と題する本が何種類か出ており、これを開けば季節ごとにその属する語、つまり季語の一覧表が得られる。『連珠合璧集』などの縁語語彙集の目次を見れば、天象・地儀・山類・海辺・獣類・鳥類など事象の百科全書的分類を中心としつつ、時節・時分あるいは恋・無常などのモチーフを項目として立てている。語の「縁」とは何よりも同じ意味の圏域に属するという隣組の関係であったことがわかる。

第三に、本歌がある。古典となった一つの歌の中の各語句は、本歌を拠所として縁を持つ。だから「松帆の浦」と「夕なぎ」は縁語である。しかし典拠となるのは和歌に限らないであろう。有名な漢詩や小説の一節（『源氏物語』の「明石」の巻など）、さらには口承の神話伝説のたぐいも、二つ以上の語を関係づける拠所となるであろう。これを本説という。本歌・本説とは、人事自然の一般的現象（事物・季節・恋など）に基づくものではないが、文化的に共有された知識に基づく語や観念の連鎖であると言ってよい。そして典拠とは一つのまとまった意味の世界であるから、これを小さな意味の圏域と見なしてもよいであろう。

さて以上のケースは隣接の関係として一括できる。とすれば次に、当然ながら類似の関係というものがある。先の歌の中では「焼く」と「焦がる」をそう見なしたのだが、これは視点によっては意味の隣接関係ともとれるので、例としては適当ではないかもしれない。別の事例を考えることにしよう。

最もありふれたものとしては「露」と「涙」がある。水滴という素材と形状の類似から、この二つは互いに他を連想することが約束事となっている。つまり慣習となった隠喩である。同じことが「桜」と「白雲」にも言える。満開の桜は、遠目には白い雲がかかったように見えるからである（通称「河内山宗俊」で知られる河竹黙阿弥《かわたけもくあみ》の芝居の外題が『天衣紛上野初花《くもにまごううえののはつはな》』というのはこの約束事を踏まえたものである）。また桜の散るのを雪の降るのに見立てるのも、やはり視覚印象が似ていることによる。これらをイメージの類似関係と呼んでもよいであろう。

類似のもうひとつのタイプは、観念の上での共通点を持つものである。たとえば「涙」と「紅葉」はイメージの上では何ひとつ似ていない。しかし、恋の涙＝悲痛な血の涙＝紅涙という連想が働くと、「紅い」という共通点が観念の上で生じる。実際には赤い涙などありはしないとしても、「涙」と「紅葉」とは縁を生じるわけである。また〈煙〉とはくすぶるものであり、下の方には火が燃えているものであるが、〈恋の思い〉も胸中にくすぶって晴れぬものであり、胸の底で燃えているものである。ここからしばしば「煙」の語は「思い」の隠喩として用いられる。つまり「煙」と「思い」とは縁語となる。〈くすぶる〉という類似のゆえである。

もっとも、実際に用いられる縁語を見ると、隣接関係によるものが多く類似関係によるものは少ない。これは類似関係が主に隠喩として利用されたからであろう。この時、暗示された縁語を明るみにだすのはおおむね野暮なことである。たとえばせっかく「涙」と言う代わりに「露」と言ってすませているのに、そこへまた「涙」を持ち出すのは同じ語を二度繰り返すのに等しい。わずか三十一文字の短歌に同義の語は一つあれば十分だし、何よりも言わずにすませた甲斐がない。隣接関係の縁語が多くなるのは自然の成行きであろう。

こうして私たちは、語の「縁」の諸相を次のように整理できる。

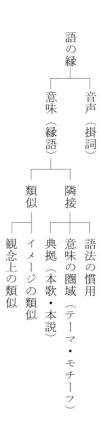

語の縁
- 音声（掛詞）
- 意味（縁語）
  - 隣接
    - 語法の慣用
    - 意味の圏域（テーマ・モチーフ）
    - 典拠（本歌・本説）
  - 類似
    - イメージの類似
    - 観念上の類似

言葉の運命

図式とは所詮理解の便のための手掛りであって、現実が図式の通りに整理されているわけではない。まして、詩的言語などという、常にできあいの言語システムを破ろうと狙っているたちの悪い生き物は、図式の檻に飼い馴らせるものではない。実際の和歌において私たちは、語の一群が互いの引力を利用してこの図式を横断してゆくさまを見なければならないであろう。

たとえば『古今集』にこのような読み人知らずの歌がある。

狭筵《さむしろ》に衣かたしき今宵もや我を待つらむ宇治の橋姫

この歌は、《夜に空しく男を待ち続ける女》というモチーフにおいて古典的作品となる。すると「狭筵」「衣片敷き」「宇治の橋姫」等の語句が一つの圏域を構成する。「狭筵」の語は「衣片敷き」以下の語群を引き寄せる引力を持つ。しかも、「狭筵」「衣」の二語が現れただけで、他の語はなくとも、元の圏域(本歌)の全体が示唆される。ということは、「恋」とか「待つ」とか言わずとも、「狭筵」と「衣」だけで《夜に空しく男を待ち続ける女》というモチーフが背後に浮かぶ、ということである。こうなれば、このモチーフを媒介として「狭筵」に「涙」とか「待つ」とかの語が結び付くであろう。ところで「涙」と「露」とはイメージの類似から隠喩の関係にある。そこで、草葉の露が月影を宿すという叙景の歌を本歌として袖の涙が月を宿すという歌が詠まれ、これが和歌の伝統にとって慣用の趣向となる。そして「袖」と「衣」はもちろん縁語であるから、「月」と「涙」と「衣」とは縁によって結ばれることになる。すると定家の次の歌が生まれる。

さむしろや待つ夜の秋の風ふけて月をかたしく宇治の橋姫

「ふけ」は「更け」と「吹け」の掛詞であり、それぞれ「夜」と「風」の縁語である。「さむしろ」は「寒し」を、「あき」は「飽き」を掛けているであろう。だが何といってもこの歌の趣向は「月をかたしく」の一句にある。理屈から言えば、衣は敷けても月は敷けない。文字通りに解そうとすれば、この語法は意味をなさない。しかし語の縁を辿れば、これは〈月―を宿した露―のような涙―に濡れた袖―をもつ衣―を片敷く〉なのである。定家の歌は、もちろん直接には『古今集』の「さむしろに……」の歌の本歌取であるが、間接には無数の歌を本歌として下に敷いている。それゆえに「月をかたしく」の一句で秋の夜に橋姫の袖の涙が月を宿して露のように輝くイメージを表すことができたのである。本歌取については次章で取り上げることにして、ここでは、縁語のネットワークを辿ることはその筋道の辻々で様々の意味の圏域を喚び起し、重ね合わせてゆくことである、ということを確認しておけばよい。

一つの語は複数の引力場に所属する。その中から一つの場を選べば、一連の語の系列が引かれて出てくる。これが縁語である。しかし、その縁語の一つを選べば、その語はまた別のいくつかの引力場に属しているため、さらに一連の語の系列を第二次の縁語として呼び出すことになる。こうして縁語のネットワークは無限に広がり、重なり合っている。一つの語を一つの鏡に喩えてもよい。無数の鏡が一見無秩序に置かれているように見えながら、一筋の光が射しこむ時、たちまち鏡は互いに光を反射して、数えきれぬ光の糸が空間の中に光芒の伽藍を敷設する。銀河のようなこの光の領域が一首の和歌の世界なのである。

語を組み合わせるとは、実は語の属する場を組み合わせているのである。そして複数の意味の圏域を縫い合わせるものこそ、語の「縁」という光の糸なのである。縁語や掛詞は直接には語の統辞のためのもう一つの文法であるけれども、呼び寄せられ、繋ぎ留められるものは多様な本歌やモチーフの圏域であり、そのオーバーラップの中に私たちはある種の映像や諧調を読みとるのである。別の言い方をするなら、縁語の使用が呼び出すものは、その縁を生じた歴史である。「露」と「袖」の語が連れ立って現れる時、「露」と「袖」とを詠んだ全ての和歌が呼び出されて解釈の背景となる（コンテクストとなる、と言ってもよい）。つまり、〈袖に落ちる涙〉のイメージばかりでなく、その嘆きのさまざまなありようが見え隠れしているのである。歌人は、この歴史の遺産から自由に引用し、組み合わせて、新しい効果を調合する。この時一首の歌はいわば複数の詩境から成り立っている。一つの詩境を着想し、これを言葉に表すという方法は、これに比べるとむしろ単純で痩せたものに見えないだろうか。有心体を唱えた定家自身が、実は本歌取や縁語を駆使した歌人であったのは、一つの明確な内容を表すだけの歌の貧弱さに堪えられなかったからではあるまいか。もちろん定家の歌の根底には一つの詩境の着想がある。それは作品の核となって、その深さを支えている。しかしその輪郭線は、多くの意味の場の交錯によって曖昧である。

定家の歌は「幽玄体」と呼ばれた。定家の歌の核に注目するか表層に注目するかで「幽玄」の解釈は分かれる。前者は歌の心の深さに、後者は錯綜する言葉の輝きに「幽玄」を見出した。前者は為兼らの採った方向であったが、よほどの才能がなければ魅力的な作品を生むことが困難であった。一方後者は『悦目抄』の採った方向であったが、しばしば縁語や掛詞の曲芸に走る弊を招いた。だが定家の詩法を受け継ぐには、両面を同時に採らねばならないであろう。新古今以後最大の歌人とも言われる正徹《しょうてつ》は定家の後継者を自任したことでも知られているが、彼はまさにこの両面を追求した数少ない歌人の一人であった。彼は、定家の幽玄とは「心」の問題であるとしつつ、また縁語・掛詞の技巧を極端に弄した。正徹が言葉を操作する態度はしばしばクロスワード・パズルを作る言語学者に似ている。それは霊感に酔って言葉が泉のごとく湧いてくるという詩人のイメージからは遠いものである。しかし、ポーの言を信ずるなら、詩人とは決して恍惚のうちに創作するものではなく、微量の劇薬を計る化学者の冷静を必要とするのである。

歌人が縁語に依拠して歌を組み立てる時、それは言語体系や文化の伝統に対する一種の批評行為であるとも言える。またそのようにして言葉の運命を確かめ、さらにもう一つの運命を付け加えているのだとも言える。近代以後の短歌は一首だけで自立し、完結することを目指しているように見えるが、「縁」に拠る歌は、言語文化の全体との関係のなかで生きるのである。その幸福は、その文化のもつ大きさと深さとを自らの豊饒のために利用しうることに、また自らが文化の一部として次代に継承されることにあるだろう。そしてその不幸は、文化的伝統の断絶とともに、その生命を失うことにあるのだろう。

八　本歌取——創造のための引用

ひとり寝る山鳥の尾のしだり尾に霜おきまよふ床の月影
——藤原定家

独創と盗用

後世の史家が二十世紀の芸術の様式的特徴を簡単に述べよと言われたら、さぞ困惑するだろう。大摑みに摑もうにも、余りにも多様なスタイルが現れては消えたからである。彼は苦しまぎれにこんなふうに書くかもしれない。「二十世紀とは、芸術家の銘々が、自分だけのスタイルをもつことを要求された時代であった」と。そしてこう付け加えるかもしれない。「この独自性の要求は、個性と独創性を芸術家の条件とした時代の風潮による」と。

当今は、師伝の様式を守りつつ、どれだけ練り上げた芸を見せるかに心を砕く芸術家が世の注目を受ける時代ではない。一目で「これは誰それの作品」とわかる独自の商標をもつことが、「現代的芸術家」であるための国際規格となっているからだ。このような時代において模倣と借用は扱いが難しい。模倣や借用を含む作品は、同時にはっきりとした独自性をもたない限り、盗作と見なされやすいからである。一方、「引用」は現代文化の、それも最前線において重要な武器となっており、現代芸術でも馴染の手法となっている。ここに、ある借用が「盗用」であるか「引用」であるかの判定が問題となってくる。他人の写真を借用したあるパロディ作品が著作権侵害で有罪とされた裁判は記憶に新しい。

たとえば、もし西欧の詩の一篇が、その半ばまで他人の一作品からの借用でできていたとすれば、その詩は盗作かパロディのいずれかであると見なされるのが普通だろう。半分というのは、既に「引用」の限度を超えていると思えるからである。しかし日本の和歌の伝統においては、これが堂々たる正規の手法の一つであった。即ち「本歌取」である。

ここでまず一つの誤解を解いておかねばならない。それは、日本に本歌取が発達したのは、もともと日本人には独創性の認知とか著作権の尊重という意識が薄いためではないか、という誤解である。そのように考えたくなる風土は確かにある。かつての日本や中国では、進歩史観とは逆に、過去に理想を見出す傾向があったし、それゆえ芸術の分野でも《新しい》ことは必ずしも価値あることではなく、むしろ古典に紛うものを再現しうる芸の練り上げが評価される傾きがあった。芸術の分野は多く「流派」や「家」を形成し、そこでは伝統の〈型〉を逸脱することはむしろ罪でさえあった。今でも産業界では、他人が苦労して開発したものを消費者の利益のためと称して平然と無断コピーし、提訴を受けて慌てて権利使用の正式契約を結ぶ、といった振舞があるらしい。しかし、仮に日本人に著作権尊重の意識が薄いのが事実だとしても、少なくとも和歌の伝統においてはそうではなかった。ある作品の創作、言い回しの創出が誰に帰せられるかという関心は明確に、それも強烈にあったと言わねばならない。昔の歌人の書いたものを見れば、ある表現が「誰のもの」かという問題にきわめて敏感であったことがわかる。実際に歌を詠む身になって考えてみれば当然のことである。心血を注いで創り出した表現は「自分のもの」だし、人に気安く取られてはたまらないというのが人情であろう。従って盗作は厳しく非難されたし、ついに中世には明確な制度として、ある作者の独創と認められた表現（「主ある詞」）を利用することは禁じられたのである。これを「制詞」という。とすれば、和歌には、「本歌取」と「制詞」という、形式上まるで反対の制度が共存していたわけである。

もっとも実を言えば、この二つは表裏一体の制度であった。制詞とは、本歌取が盗作に陥らぬために設けられた規定と言ってもよいからである。ということは、本歌取とは盗作と紙一重の手法であることが自覚されていたわけである。そしてさらに言えば、紙一重であるとは、一応そこに一線が画されていることが、歌人のあいだで確認されていたということである。

本歌取の歴史を見れば、手法自体は万葉の頃から例が見られる。にもかかわらず、「本歌取」という名称は中世に始まる。ではそれ以前は何と呼ばれていたかといえば、「盗む」とか「まねび詠む」とか言われていたらしい。藤原清輔《きよすけ》の『奥義抄《おうぎしょう》』では「盗古歌証歌」と記されているから、平安末期までこれは盗作の一種という認識があったわけである。石田吉貞氏によれば、一般に不可とされていたこの手法を初めて是認したのは藤原俊成であり、「本歌」の語を初めて用いたのも彼であるという。どうやらこの頃、本歌取に対する態度の転換が生じたのである。それは、この頃に古歌の引用という手法が新しい段階に入ったことを示しているだろう。実は、本歌取という手法を重視し、自らしきりに用いたのは、俊成の子の定家であった。本歌取が最も盛んであった時期は定家の活動の時期と重なり、また本歌取によって最も優れた成果を上げたのも定家であった。石田氏が「本歌取は定家によって最高に取上げられ定家に於いて終った」(『藤原定家の研究』)と言うのは、おそらく正当な評である。

しかし中世の本歌取を見る前に、本歌取が流行するに先立ってごく普通に使われていた二つの前駆形式をまず見ておくことにしよう。

〈型〉の提示

今でも生活の折節に、私たちはことわざや極り文句を引いて当面の状況にあてはめることがある。これは周知の公式を借りて「現在」の状況を解釈することであると言える。同様に平安期の貴族は、古歌や古詩を引いて自分の立つ状況を確認した。『源氏物語』の須磨の巻を例にとろう。失脚した光源氏は流罪を予測し、処刑の恥を受ける前に自ら都を退去する。流罪であれば六年または三年で帰ることができるが、自発的な流浪には期限がない。源氏は船で須磨の浦に着く。そこで彼は一首の歌を思い出すのである。

渚に寄る波のかつかへるを見たまひて、「うらやましくも」とうち誦じたまへるさま、さる世の古言なれど、珍しう聞きなされ、悲しとのみ御供の人々思へり。

波の寄せては返すのを見て源氏が口にしたのは、「いとどしく過ぎゆく方の恋しきにうらやましくもかへる波かな*」という、業平が東下りの際に詠んだ歌である。帰る波を羨む業平の言葉は、心ならずも都を去らねばならなかった旅人の望郷の念を永遠に凍結している。この歌が『伊勢物語』によって有名になる時、この想いは一つの心情の〈型〉として人々に共有される。そして源氏は須磨の浦に立って、自らの心の動揺を表すのに最も適切な〈型〉としてこの歌を選ぶ。この時源氏は、業平の古歌によって自身の心情の意味を再確認したのだといってよい。人がただある情念に捉えられていることと、その情念がいかなるものであるかを知ることとは、たぶん溺れることと泳ぐことくらいの違いがあるだろう。

源氏がこの時、業平の歌の全体を吟じたのか、それとも「うらやましくも」の一句のみを口にしたのかは分からない。しかし少なくとも紫式部は「うらやましくも」の七字だけで読者に十分通じることを信じていたのである。もちろんいくら有名な歌でも、一句だけでそれと思い当たるのは難しい。実際この場合にも文脈上のヒントがある。まず、都を離れ東国へ下る業平と、須磨へ下る源氏の境遇の類似がある。そしてより直接的には、「うらやましくも」の引用のすぐ前に「波のかつかへるを見たまひて」とある地の文が、本歌の「かへる波かな」に対応している。つまり業平の下句「うらやましくもかへる波かな」の部分を分割して「渚に寄る波のかつかへるを見た

いとどしく…（これは不本意な旅なので）これまで来た道の方向がとても恋しい（つまり帰りたい）のだが、羨ましいことに波はいったん寄せてもまた帰ってゆく。

まひて『うらやましくも』とうち誦じたまへる」と配置替えしたわけである。紫式部が文中に古歌を利用する時は、この種の仕掛けを用いることが多い。つまり古歌の最も特徴的な一句のみを引き、あとは前後のコンテクストの中に、本歌に関わる情報を（たいていは詞の一部を）配するのである。古歌をまるまる引くのはやはり野暮なことなのかもしれない。

このように、一句だけ取ってあとはコンテクストで補うという形の暗示的引用は、当時手紙文などでもあたりまえに使われた修辞であったらしい。源氏のいる須磨を、京に上がる大弐《だいに》の一行が通りかかる。大弐の娘の五節《ごせち》はかつて源氏の恋人であった。五節は遠く源氏の琴の音を聞き、便りする。例のごとく一首の歌と一行の付記とから成る。

琴の音にひきとめらるる綱手縄《つなてなは》たゆたふ心君知るらめや
　すきずきしさも、人なとがめそ

「綱手縄」は船を引く縄で、「引き」の縁語。「ひき」は「引き」と「弾き」の掛詞。歌の大意は、あなたの弾く琴の音に引き止められ、綱手縄のようにたゆたう私の心をあなたは御存知でしょうか、というもの。付記の一文は、私の方から便りをするはしたなさを咎めないで下さい、というもの。この「人な咎めそ」は、『古今集』の恋歌に本歌がある。

いで我を人な咎めそ大船のゆたのたゆたにもの思ふころぞ*

「人な咎めそ」だけでは、この本歌が人の心に浮かぶことは難しいかもしれない。しかしその前の歌に「綱手縄」とあるところから、岸に綱で繋留された大船がゆらゆらとたゆたう様が連想されるし（つまり「綱手縄」と「船」は縁語であるし）、「たゆたふ心」の句は「ゆたのたゆたに」と対応する。このコンテクストによって、「人な咎めそ」の一句は十分に本歌を喚起し、この本歌の介入によって逆にこの一句は「恋ゆえに思い余っての仕業ですから、どうか咎めないで下さい」という意味を訴える。

手紙を読んだ源氏はにやりとして返書を送る。

心ありて引き手の綱のたゆたはばうち過ぎましや須磨の浦波
いさりせむとは思はざりしはや

歌の大意は、恋ゆえに心が船の引き綱のように揺れているという言葉が本当なら、須磨の浦を通り過ぎたりするでしょうか、というもの。しおらしいことを言っても結局は自分だけ都へ帰ってしまうのでしょう、と恨み言を述べているわけである。もちろん源氏は本気で絡んでいるわけではない。相手の言葉を逆手に取って皮肉を言いあうのは当時の慣わしであり、一種の社交様式

いで我を…大船がゆらゆらとたゆたうように恋の物思いをしている私を咎めないで下さい。

にすぎない。返書を書く時も源氏の口許はゆるんでいたに違いないのである。さて付記の一文にはやはり『古今集』に本歌がある。小野篁《たかむら》が隠岐に流された時の歌である。

思ひきや鄙の別れに衰へてあまの縄たきいさりせむとは*

「いさりせむとは」の一句がそのまま取られ、「思はざりしはや」が「思ひきや」に対応している。海辺という場所の類似もある。流謫の身という境遇も相通じる。引用は一句であるが、誰もが篁の本歌を連想するであろう。もちろん「いさりせむとは思はざりしはや」と言う源氏自身が「漁《いさ》り」していることは誰も思わない。この言葉は、〈こんな田舎暮らしに落ちぶれる羽目になろうとは思いもよらなかった〉という意味である。引用の一句は、字義通りに「漁」を表すわけではなく、〈田舎で落魄していることの慨歎〉という本歌の内容を比喩的に表しているにすぎない。

五節と源氏は、共に一句を引いて確実に本歌を連想させる。この時暗示された本歌は、二人が自分の状況をどう意味づけているかを示す。言い換えれば、二つの歌は、各々の状況が古典的な〈型〉の再現であることを示すのである。

『古今集』は一千の歌を世に送り出した。これは一千の状況ないし情念の〈型〉が公共の財産目録として登録されたということである。人々は、時に応じて、自分自身のありようを古歌に照らしてどれに当てはまるかを確かめる。その古歌が時に口にされ、時に書き送られる。それは引用であるとともに、個別事情としての現在と典型としての故事との対応の確認であり、自分の事情を普遍的意味という光によって照らすものである。対応さえ確実であれば、引用はただ一句によって成立する。古歌はただちに全体像を現す。いささかの変更も受けずに。

この時変更を受けるのは、むしろ現在の方である。個別的に絡みついている様々の事情は捨象され、一切が古歌の〈型〉の中に吸収されてしまう。古歌の表す意味が同時に現状の意味なのであるから。普遍的なものを援用して個別的なものを理解しようとすれば、そうならざるをえない。寄せては返す波を見て「うらやましくも」と呟く源氏に涙する供の者の目には、もう須磨の浦の波が「ひねもすのたりのたり」と見えることはない。しかも彼らの涙は、源氏のみならず業平にも向けられている。というより彼らは、業平や源氏やその他多くの流謫の人に共通のある〈型〉に涙しているのである。

こうして、引用の基本的な形の一つは、共有された典型の鋳型に現在を鋳込み、新しい状況に古い意味を与えるものである（「新しい」と「古い」では語弊があるというなら、「個別的」と「普遍的」、「移ろいゆく」と「永遠の」と言ってもよい）。これにより、〈私〉を摑まえている状況や情念は、明確な〈型〉を持つことによって〈私〉から捉え返されることになる。この〈型〉は古歌によって設定されたものであり、引用とは現在をその〈型〉の一例として位置づけることである。——このような形での引用では、本歌の詞や意味を組み換えたり変更したりということは考

思ひきや…都に別れ田舎暮らしにやつれて、漁夫の釣縄をたぐり漁をする羽目になろうとは思いもよらなかった。

えられないだろう。しかし、古歌を意図的に変更する引用の形がある。これが次に見る、もう一つの本歌取の前駆形式である。

〈操作〉の提示

清少納言は中宮定子に仕えた。定子の父藤原道隆は関白、兄伊周《これちか》は権大納言である。一家で栄華を享受していたわけである。ある春の昼つ方、清涼殿の縁側に青磁の大壺が据えられ、桜を集めて挿してあった。枝は五尺ほどもあり、花は高欄の外に咲きこぼれていた。清少納言はこの場の気分を、「なにとなくただめでたきを、さぶらふ人も思ふことなき心地する」（なんとなく全てが満ち足りているような感じで、仕える女房たちも何一つ憂いのない気持ちでいる）と叙述している。この時花のもとにいた伊周は古歌をゆるやかに吟じた。

月も日もかはりゆけども久に経《ふ》る三室の山の離宮《とつみや》どころ＊

一家は権勢を極め、真昼の桜は后妃となった妹の前に咲き乱れている。伊周としては、時よ止まれと言いたかったであろう。彼は古歌を引いて、自らの気持ちを表したわけである。清少納言は「げに千年もあらまほしき御ありさまなるや」（まったく千年もこのままであってほしい場面ですね）と書き添える。この伊周の詠吟は、またその場に居合わせた人々（中宮とその女房たち）にとっても、折りからの状況を一つの〈型〉へと集約してくれるものであった。彼女たちは、「現在」の持つ〈めでたさ〉を再確認して、微笑を送り合ったであろう。中宮は古歌の功徳を改めて感じたのかもしれない。ほどなく天皇が局《つぼね》にやって来た時、中宮は清少納言に墨を磨らせ、女房たちに何か古歌を一つずつ書けと命じたのである。中宮は「何でも心に浮かんだ歌を」と言うけれども、まさか何でもというわけにはゆかない。この思いつきは明らかに伊周の詠吟を承けているからだ。古歌の選び方によって、自分が「現在」をどう捉えているかを白状することになるだろう。先輩女房たちはみな「面さへ赤みてぞ思ひ乱るるや」と書かれているから、随分真剣に悩んだわけである。彼女たちの選んだ歌は「春の歌、花の心など」つまり眼の前の桜に寄せて美しい季節を賀すものであった。これは無難な措置と言ってよいだろう。末座の清少納言に色紙が回ってきた時、彼女は古歌をそのまま引かず、一語を書き換えた。本歌は『古今集』の春歌の部にあり、「染殿《そめどの》の后の御前に、花瓶に桜の花をささせたまへるを見てよめる」という詞書を付した、前太政大臣藤原良房《よしふさ》の次の歌である。

年経《ふ》れば齢は老いぬしかはあれど花をし見ればもの思ひもなし＊

月も日も…月日は移り変わってゆくけれども、いつまでも変わらぬ三室の離宮よ。

年経れば…年を経ればたしかに年齢は老いてくる。けれどもこの花を見ていると何の憂いもない。

「花をし見ればもの思ひもなし」という心境は清少納言らの「現在」を表すものとして十分に適切であるだろう。しかしこの歌はさらに二重の「現在」との類似がある。一つは、詞書にあるように「后の御前に、花瓶に桜の花をささせたまへる」という場面の類似である。もう一つは、作者の動機に関わる。実は良房は「染殿の后」つまり文徳《もんとく》后明子の父であり、この歌は一家の栄華の満足を桜の花に託して詠んだものである（言うまでもなく「花」の語は〈花瓶の桜〉を表に指し示しつつ暗に〈明子〉を喩えている）。これは「三室の山」の古歌を引いた伊周の動機と同じものである。もし伊周がもっと厚顔であれば、「三室の山」よりもこの良房の歌を詠吟したかもしれない。過去の〈型〉によって「現在」の意味を捉えるという点では、彼にとってこの歌ほど適切なものはないであろう。ただ余りに露骨なため伊周が口にできなかったこの歌を、清少納言がいわば成り代わって引いてみせたわけである。そのままの形で書いたとしても、中宮はかなり喜んだであろう。しかしここで一ひねりするのが清少納言であった。「花」の語を「君」に換えたのである。

年経れば齢は老いぬしかはあれど君をし見ればもの思ひもなし

この「君」は天皇・中宮の双方を指しうる。文字通りに解するなら、「主君のおかげで老後の憂いがない」という意味だから、これは天皇・中宮へ巧みに世辞を使った歌である。もちろん天皇は、自分の居ない間に伊周が古歌を引いて我が世の春を謳ったことなど知らないであろう。だから文字通りに解して、清少納言の機知を喜んだであろう。しかし先程からの事情を知る者が見れば、この引用は伊周の振舞をより明確な形でなぞっている。しかも本歌の核となる一語を変え、表向き〈君への感謝〉の歌にすり替えることによって、本歌のもつ〈栄華の謳歌〉の露骨さを消している。いはば伊周の振舞の意味に気づかぬふりをしているわけだが、その「知らぬふり」がわざとらしいだけに、却って皮肉な効果をもつ。暗に「中宮様が考えていたのは本当はこの歌なんでしょう」と言っているからである。果して清少納言は中宮のお褒めにあずかったという。例によって『枕草子』作者得意の一段である。

ところでこれは既に一種の本歌取である。わずか一語ではあるが、主題が〈花〉から〈君への信頼〉に変わってしまっているのだから。もっとも三十一字中たった二字違いというのは、本歌取としては随分極端な例で、歌会なんかへこれを出せば、借用が過ぎるとして盗作扱いをうけるかもしれない。それにおそらく清少納言自身、これが新しい歌だとは思っていなかったであろう。中宮の注文は古歌である。ただその古歌をそのまま書かなかったというだけのことで、後世の本歌取と同列に論ずるべきではないであろう。しかし本歌取の前駆形態として、このような、時に応じた古歌の変造を行うことは珍しくなかったようである（『枕草子』では右の記述のあとに、定子が古歌改変の前例を語る場面が続く）。

このような場合、古歌を一つの典型として現在に当てはめるという機能は変わらないが、単なる引用とは決定的な違いが生じている。それは、読者の前に新旧二つの歌がある、というだけではない。その二つの歌がある関係をもっている、ということである。読者は、本歌と新歌をともに読み取るだけでなく、両者の関係を意識せざるをえない。比喩的に言ってみよう。たとえば私たちが一本の線を見るのと二本の線を見るのとを比べる時、その違いは単に情報が二倍になるということであるかもしれない。しかし二本の線の関係を問題にし始めたとたん、私たちは、二本の線を共に成立させている地盤、つまり平面を意識しなければならない。関心の土俵は、一次元から二次元へと転ずるわけである。これと似たようなことが歌を解釈する時にもおこる。私たちは歌を一首だけ見る時、ただその言葉の表す意味を理解すればよいと思う。ところが僅かなズレを含む二つの歌が眼の前にあり、しかもそのズレに何かの意図がこめられていることを知る時、私たちは、歌の詞を文法的に解してこと終われりとすませてしまうわけにはゆかなくなる。私たちは、一方がオリジナル、他方がその借用であることを確かめ、その借用の理由を尋ね、その狙いを楽しむところまで行かねばならない。そのために、二つの歌のコンテクストを比較し、その関係を手掛りに新歌に仕掛けられた意味の可能性をたぐってみなければならない。私たちは、言葉の意味よりも、言葉が用いられている場面に注目し、言語操作そのものがもつ意味を解釈の対象とするのである。

清少納言が書いた歌は多義的である。私たちはこの種の多義性に出会う時、単に文の情報量が二倍になるというものではないことを知っている。そして作者がこのような多義の仕掛けをしくんだ意図そのものに関心が向かう。私たちは、一つの歌に二つの意味を読むだけでなく、そのからくり自体がもつ意味を読み取ろうとするのである。読解の態度は変容する。言わば、一次元から二次元に入る。読者がニヤリとするのは、このような態度の変更があったことの証拠である。単に花の美しさや主人への信頼という一次元的な読解をいくら積み重ねてもこの「ニヤリ」は出てこない。この「ニヤリ」は言葉の仕掛けそのものに向けられているのだから。

ここで源氏が五節の手紙にやはり「ニヤリ」としたことが思い出されるであろう（原文は「ほほえみ」であるが、『新潮日本古典集成』に石田穣二・清水好子両氏が注釈した通りここは「ニヤリ」と解すべきであろう）。源氏は五節の真情を疑っていたわけではあるまい。この「ニヤリ」は、その真情を表すために五節が懸命に言葉のあやを操る手つきそのものに向けられている。この「ニヤリ」の延長線上に「パロディ」の哄笑があることは容易に推量できるであろう。しかしそれは別の課題である。ここでは、本歌取の前駆形態として『源氏物語』と『枕草子』に見られた二つの例から、とりあえず次のことを確かめるにとどめよう。もういいかげんに本歌取そのものへ話を進めなければならないのだから。

第一に、古歌の引用が現在の事情（状況なり情念なり）の確認として行われたこと。この場合、古歌は典型として一つの永遠の〈型〉を示し、「現在」はその反復・再現として意味づけられる。同時に、曖昧複雑な「私の現在」は明確な輪郭をもって捉えられることになり、他人の目にさえ理解できるほど、周知の〈型〉に収まることになる。

第二に、古歌を素材にして、あるいは「古歌の引用」という操作そのものを素材として、古歌を作り変え、その改変の仕掛けと意図とを読解の対象とさせるような行為が行われたこと。この場合、古歌は操作の材料にすぎない。歌の文意の理解が一次元的読解とすれば、この言語操作が意味するものの解釈（メタ言語的解釈）は二次元的読解である。

両者に共通するのは、引用が行われる場の状況が決定的な重要性をもつことである。第一のケースでは現在の状況を古典の〈型〉に収斂することが目的であり、第二のケースでは現在の状況というコンテクストの中ではじめて引用の手つきを楽しむという態度が生じるのであるから。しかし、中世に本歌取が和歌の手法として確立した時、場の状況は原則として無視すべきものであった。和歌の制作は作者の「現在」とは切り離され、また作者と読者が同じ場に居合わせるわけでもない。「作品」となった和歌は三十一文字だけで自立しなければならなかったのである。では実際の本歌取はどのようなものであったか。

頓阿の六様式

十四世紀中頃に成った頓阿《とんあ》の『井蛙抄《せいあしょう》』六巻は中世の代表的歌学書の一つであるが、その第二巻は本歌取に当てられている。本歌取を説いたものとしてはおそらく最もまとまったものに属する。しばらくこれを見ることにしよう。

頓阿は本歌取の様式を六つに分けている。

第一は「古歌の詞をうつして、上下におきて、あらぬことをよめり」。

第二は「本歌にかひそへてよめり」。

第三は「本歌の心にすがりて風情を建立したる歌。本歌に贈答したる姿など古く言へるもこの姿のたぐひなり」。

第四は「本歌の心になりかへりて、しかもそれにまとはれずして、妙なる心をよめる歌。これは『拾遺愚草《しふゐぐさう》』中につねに見ゆるところなり」。

第五は「本歌のたゞ一ふしをとれる歌」。

第六は「本歌二首をもてよめる歌」。

第一の、古歌の詞の配置を変え、上句下句に分けて置くというのは、前述の紫式部の引用法と似ている。これに加えて主題を変えて詠む、というのは後述する定家の指示そのままである。頓阿のあげる例を示せば、

名取川瀬々の埋もれ木あらはればいかにせんとかあひ見そめけん* （本歌）
名取川春の日数はあらはれて花にぞしづむせゞの埋もれ木* （新歌）

これに対し第五の様式は、本歌に見られるユニークな言葉遣いを一箇所だけ取るものであるが、これは普通、一句であれ二句続きであれ、そのままの形で詞を取ることになる。

たゞにあひて見てはのみこそたまきはる命にむかふわが恋やまめ** （本歌）

名取川瀬々の…名取川のあちこちの瀬の埋もれ木が露呈してくるように、二人のことが表に出たらどうするつもりであの人と関係を結んでしまったのだろうか。（「名取」は「名を取る」つまり評判になる意をかける。）
名取川春の…名取川はすっかり春になってしまった。いったん顕れた瀬々の埋もれ木も散り敷く花の下に沈んでしまった。

よもすがら月にうれへてねをぞなく命にむかふもの思ふとて＊（新歌）
朝日かげにほへる山にてる月のあかざる妹を山ごしにおきて＊（本歌）
朝日かげにほへる山のさくら花つれなくきえぬ雪かとぞみる＊（新歌）

第六の本歌二首をもつ歌というのは、右の二つの派生形と考えてよい。一首では足らず二首から詞を取ったものである。

幾世しもあらじ我が身をなぞもかくあまの刈る藻に思ひ乱るる＊（本歌）
宵々に枕さだめむかたしらずいかに寝し夜か夢に見えけん＊（本歌）
はてはたゞあまの刈る藻を宿りにて枕さだむる宵々ぞなき＊（新歌）

以上の三様式は「詞」を取って「心」（表現内容）を取らないものである。本歌の「心」は漠然とまとわりつき、俊成が「匂ひそへる心地」と評したように、新歌に旧知の雰囲気を与える。おぼろ月のように、新歌の明瞭な「心」を本歌の「心」というぼんやりとした光暈がとりまいている。それは一首の歌を美しくまた親しく響かせる作用をもつであろうが、必ずしもそれ以上の効果を期待できないように思える。では本歌の「心」を取るあとの三様式はどうであろうか。

第二の、本歌の「心」に付き添うようにして詠む歌というのは、本歌の「心」を再現しつつ、それに新しい情報を付加し、その「心」をさらに拡大したものである。

思ふどち春の山べにうちむれてそこともいはぬ旅寝してしが*（本歌）
思ふどちそこともしらず行きくれぬ花の宿かせ野辺のうぐひす*（新歌）

＊＊たゞにあひて…直接逢ってあなたを見ることができれば、命がけのこの恋も止むのでしょうが。（「たまきはる」は「命」にかかる枕詞。）
よもすがら…一晩中月を眺めて悲しみに泣いている。命がけの恋をしているので。（藤原定家作）
朝日かげにほへる山にてる月の…朝日の光がさしはじめた山の端に照る月のように、見飽きることのないあなたを、山の向うに置いているのは心残りなことだ。
朝日かげにほへる山のさくら花…朝日のさすこの山の桜は、かたくなに消えようとしない雪のように見える。（藤原有家作）
幾世しも…この身は何年も生きていられるわけではないのに、どうして海女の刈る藻のように胸中が思い乱れて、平安の境地が得られないのだろうか。
宵々に……あの人が夢に見えた夜はどうやって寝たのだろう。毎晩枕をどう置いてよいのかわからない。（同じように置いてまた夢に見たい、という気持ち。）
はてはたゞ…恋の果ては海女の刈る藻のように思い乱れるばかりで、まともに眠ることのできる夜はもうない。（藤原定家作）
思ふどち春の…気の合った者同士が集まって春の山辺を逍遙し、行きあたりばったりに泊まるような行楽をしたいものだ。（素性作）
思ふどちそことも…気の合った者同士でいいかげんに歩き回っているうちに日が暮れてしまった。野辺の鶯よ、おまえが泊まっている花の木を私たちの宿に貸しておくれ。（藤原家隆作）

この場合、新歌の内容の中核が本歌によって既に設定された〈型〉であるだけに、「詠み増し」（本歌に優る）と言われるほどの歌にならなければ、その存在理由が危うい。おそらく本歌によりかかるだけに終わる歌も多かったであろう。

第三の、贈答の姿ともいわれる様式は、本歌の「心」を前提として新しい趣向を作り出すものである。

草も木も色かはれどもわたつ海の波の花にぞ秋なかりける*（本歌）
にほの海や月の光のうつろへば波の花にも秋は見えけり*（新歌）

なんだか掛け合い漫才のようだが、これが「贈答」つまり「やりとり」のスタイルである。本歌を知らなくとも、新歌の文意の解釈には困らない。しかし本歌を知らなければ、新歌の面白さはない。なぜなら作者の趣向は、新歌の「心」そのものにあるのではなく、本歌と新歌と二つの「心」の関係（この場合は反対であること）にあるのだから。言い換えれば、眼目は新歌の「心」の深さや新しさにあるのではなく、「心」の操作の手つきにある。

こうして、本歌の「心」を取る場合、第二の様式のように本歌の「心」をそのまま再現しつつさらに何かを加えるものと、第三の様式のように本歌の「心」を操作の素材とするものとがあることになる。この二種の本歌取は、先に見た二つの前駆形態の延長線上にあると言ってよいかもしれない。しかし最後に私たちは、頓阿の曖昧な言葉に出会う。

「本歌の心になりかへりて、しかもそれにまとはれずして、妙なる心をよめる歌。これは『拾遺愚草』中につねに見ゆるところなり」

他の様式の説明が、具体的な制作法を指示しているのに、この第四の様式だけはあまり実用的でない。〈本歌の心を自分のものとしつつ、しかもそれにとらわれない〉とはどうやれば実現できるのか。「妙」とは歌論や能楽論では最上の境位を指す言葉であるが、どうしてここで「妙なる心」などと言いだすのか。またこの様式が『拾遺愚草』つまり定家の歌集に「つねに見ゆる」という注釈がなぜ必要だったのか。

「妙なる心」などというのは、そもそも作り方の説明に用いる語ではなく、作品評価のための語である。頓阿は、他の五様式については作者の立場からその楽屋裏を語りながら、これだけは読者の立場から語っているのである。これは何を意味しているだろうか。おそらく頓阿は、自ら駆使した本歌取の手法を五つに分けて説いた（多分第五と第六の二つはあまりよいと思っていなかった）。しかし定家の本歌取が自分のものとはいささか趣が異なることに気がついたのである。それは具体的にこうせよと説明できるような手法ではない。本歌の「心」に没入できる想像力、しかもそれに囚われぬ自由な精神、そして妙なる「心」を生む創造力、そういったものが備わってはじめ

草も木も…草や木は秋になると赤く色が変わるけれども、波の花はいつも白いままで秋という季節がないらしいね。（文屋康秀作）

にほの海や…いや、にほの海では月の光が「映る」から波の花の色も「移る」、つまり変わると言えるわけで、やはり秋はあるのですよ。（「うつろふ」は影が映る意と色が変わる意の両義をもつ。）

て可能なものであると見えた。要するに天才の所業ということである。
私たちは、定家の本歌取が、慣用技法と化した本歌取とはかなり違うものであること、そしてそれは頓阿的な方向では説明できないものであることを推察できる。ここから先は、定家自身の言葉に拠る方がよいであろう。

定家の本歌取

定家にとって、本歌取がいかに重要な意義をもっていたかは、彼の歌論をみれば明らかである。『近代秀歌』『詠歌大概』『毎月抄』などの歌論で、彼は常に本歌取について語り、前二著においては量的にも異常な比重を与えている。しかも他の手法については、一言の説明もない。定家にとって、自らの和歌観を語る時、本歌取を語らざるをえなかったし、しかも他の詠み方を語る必要を感じなかったのである。

ところが、定家の本歌取についての記述は、実はほとんどが盗作とのけじめに関わる注意なのである。三書の内容には当然重複があるが、これを整理して箇条書きにすれば、大略次のようになるだろう。

①量の規定――一首の歌は五七五七七の五句から成る。本歌からの引用は二句の上に三、四字までならばよいが、三句にもなると新しい歌という感じがしなくなるという。つまり総量の半分までならよいというわけである。

②配置の規定——二句を取る場合、上句の第二、第三句（七五）を取って、そのままの形（七五をつなげた形）で引くと新しい歌に聞こえない。同様に、下句の七七をそのまま使うのもよくない。これはたとえば、「夕暮は雲のはたてに物ぞ思ふ天つ空なる人を恋ふとて」*を本歌とする場合、「雲のはたてに物ぞ思ふ」や「天つ空なる人を恋ふとて」という文形をそのまま二句続きの形で取ってはいけないということである。ではどうするかといえば、分割して配置を変えればよい。一般に上句と下句に分けて置くのが無難である。ただし、第一、第二句（五七）の連続は許容される場合がある。例を挙げれば、「いその神ふるき都」「郭公《ほととぎす》なくや五月」「久方の天の香具山」「玉鉾《たまぼこ》の道行き人」。要するに枕詞を用いて二句が接続している場合である。枕詞は切り離さないのが普通だからこれは当り前のようなものだが、多分定家の言いたかったことは、二句の接続に別段の特徴のない句であればそのまま引いても差し支えないということであろう。もちろんユニークな詞の続け方をそのまま取ることは許されない。たとえば、次の歌の冒頭部。

年の内に春は来にけりひととせをこぞとや言はん今年とや言はん*
袖ひちてむすびし水のこほれるを春立つけふの風やとくらん**

夕暮は…夕暮になると雲の果てを眺めて物思いをする。手の届かぬ高みにいる人を恋しているので。
年の内に…十二月の内に暦が立春になってしまった。この一年を去年と言うべきか今年と言うべきか。（在原元方作。『古今集』の巻頭歌）

月やあらぬ春や昔の春ならぬ我が身ひとつはもとの身にして＊
桜散る木の下風は寒からで空に知られぬ雪ぞ降りける＊

これらの歌の場合、傍点部に独創性があり、この部分をそのままの形で取ると盗作になってしまうわけである。

③引用部位の規定――本歌取の際はどの部分を取るかが問題となる。定家は、本歌の趣向の中心部を取れと言う（但し前項の規定に抵触しないために、続きの二句は切り離して配置しなければならない）。これは印象的な部分を引かなければ、どの歌から取ったのか分かりにくいからであろう。和歌に用いられる語彙は比較的限られているから、凡庸な部分を引いたのでは、どこにでもありそうで、本歌を同定しにくい。なお、この規定の延長として、本歌取であることが分かるように作れと言う。ここから、量的にもある程度の長さ（普通なら二句）が必要となろう。

④引用対象の規定――古人の歌から取るのはよいが、最近の作者（ここ七、八十年の歌人）の作品からは取るべきでないとする。これは、周知の古典、共有の遺産としての地位を確立していない場合、引用ではなくなることを意味しているだろう。つまり引用の対象は、単に有名な作品であればよいというものではなく、「引用に値いする作品」と世間が認めていることが必要なのである。言い換えれば、同時代人からその評価を云々される立場を卒業し、和歌世界の中で「古典」に聖別されていることが必要なのである。

⑤主題の規定――本歌と同じ主題で新歌を作るのは達人にのみ許される芸であり、一般には主題

を変えた方がよいと言う。たとえば、春の歌を秋や冬にするとか、恋の歌を季節の歌にするなどである。これも、同じ主題で引用を行うと、歌の表現内容まで同じになりやすく、そうなると盗作と変わりがなくなってしまうという懸念からである。

以上は『近代秀歌』『詠歌大概』『毎月抄』の記述を取り纏めたものだが、最後に定家が親切に例をあげて説明しているのを引くことにしよう。

「たとえば、

夕暮は雲のはたてに物ぞ思ふ天つ空なる人を恋ふとて

という歌から取るとしましょうか。「雲のはたて」と「物思ふ」という二つの詞を取って、新歌の上句と下句に分けて配置し、本歌と同じ《恋》ではなく、《雑》や《季》に主題を変えて作るようになさい。近頃、この歌を本歌として右の二句の上に「夕暮」まで一緒に取ってしまう例が

＊＊袖ひちて…（夏には）袖を濡らしながら手で掬った水が（冬の間は）凍っていたのを、立春を迎えた今日の風は溶かしているだろうか。（「むすぶ」と「とく」は縁語。紀貫之作）

月やあらぬ…（今は逢うことの出来ぬ昔の恋人との思い出の場所にでかけ、月の傾くまで過ごして詠んだ、という意味の詞書があって）月も春も昔のままのはずなのに、そうは感じられない。私一人が変わらぬままに佇み、世界はすっかり違ってしまったようだ。（在原業平作）

桜散る…七一ページの注を参照。

あります。三句取ることになるわけですが、「夕暮」などは添え物のような部分でたいした働きをしているわけでもありませんから、まあ構いますまい。珍しい詞や独創的な言い方を三句も取るのがいけないのです。とは言っても、余りに取り方がかすかで、本歌取に見えないようでは何の意味もありません」(『毎月抄』)

定家の教えは実践的で、行き届いている。〈理屈はともかく、具体的にどうすればよいのか〉と悩む初心の歌人にはありがたい。また〈なぜそうするのか〉もはっきりしている。盗作に陥らぬためである。

もっとも、話があまり具体的になると、却って論理が見えにくいこともある。いったい定家は「本歌取」と「盗作」の原理的な違いはどこにあると考えていたのか。そもそもある歌が「本歌取」であるための必要十分条件は何か。そこで、定家の指示の言葉をもとに、彼の考える「本歌取」の定義を再構成してみよう。

定家の注意を見ると、「その歌をとれるよと聞こゆるやうに」「あしくも聞えず」「新き歌に聞きなされぬ」「その歌にてよめるよとも見えざらん」など、「聞こゆ」「見ゆ」の語が可否の基準に用いられている。どうやら「盗作」と「本歌取」とのけじめを決めるものは、作者の意識の中ではなく、享受の仕方の内にある。ここで単純な誤解を避けるために念を押しておけば、これは盗作か否かの判定権が読者の側にあるというような話ではない。「本歌取」が成立するか否かは、享受の際に特定の作用が生ずるかどうかにかかっている、ということである。成立しなければ、それは盗作に終わるであろう。読者が本歌を知らなかったり、取り方が曖昧で引用に気がつかなかったりするようでは、この「本歌取」のしかけは本当の作用を生じない。結果として、他人の句を自作と錯覚させるだけのことになる。つまり、作者の意図はどうあれ、事実上盗作と同じことになる。そこで「本歌取」成立の前提条件として、読者が〈引用のあることを承知〉しつつその歌を読むことが要請される。このような読み方を確保するために、作者は〈引用であることがわかる〉ように作らなければならない。ここから、〈引用の対象は周知の古典であること〉〈引用された古歌がすぐわかるように特徴的な部分をとること〉などの規定が生まれるのである。もちろん引用を意識しつつ読解するというのは、「本歌取」の必要条件であって、十分条件ではない。引用が過ぎてもまた盗作に陥りやすいであろう。新歌は本歌から自立した作品でなければならないのである。そのためには、新歌の内容の本歌と異なることが要請される。ここに、引用量の制限や配置の転換、主題の変更などの指示が生まれる。

こうして私たちは、とりあえず、定家の「本歌取」が何であったかを次のように言うことができる。それは、読者が歌を読む時、別作品の一部が組みこまれていることを意識しつつ解釈を行うこと、言い換えれば二重の読み取りを並行するという享受の仕方を必要条件とする。そして読み取られた二つの内容が異なること、つまり本歌と新歌が別の作品になっていると読者が認めることを十分条件とする、と。考えてみれば、これは著作権の争いに、現代の法廷が下す「引用」の定義とあまり変わりばえがしないかもしれない。ただ定家が、作者の意図よりも、享受の仕方の方に関心があったらしいことは、留意すべきであろう。ここで、頓阿の取った方向を思い出そう。彼の分類の仕方を見ればわかるように、頓阿はあくまでも作者の視点に立ち、制作過程に専ら注目して本歌取を語ろうとした。しかし定家が本歌取を語る時、読者の享受過程に専ら注目している。おそらく定家にとって、本歌取とは、享受の際に生ずるある作用が問題だったのであり、初心者向けの作法の指示は、そこから派生した事項に過ぎない。

さて、詩学においても、形式的な定義を得ることは出発点にすぎない。ある詩法の定義は、なぜ詩人がその詩法を用いるのかを一向に教えてくれないからである。私たちは「本歌取」がいったいいかなる作用を生じるがゆえに用いられたのかを考えなければならない。そのためには、頓阿が曖昧に語った定家の様式を、享受の視点から検討しなければならない。私たちはここで、定家自身の作例を取り上げて、その言葉がいかなる働きを示すかを見ることにしよう。

定家には本歌取が多いから、何を例にとるかに困ってしまうのだが、誰でも知っている歌を本歌にしたものを取り上げることにしよう。

ひとり寝る山鳥の尾のしだり尾に霜おきまよふ床の月影

山鳥の夫婦は夜別れて寝るという伝承がある。月光は霜に喩えられることが多い。そこでこの歌は二重の意味をもつ。一つは〈恋人と離れて独り寝する山鳥の垂れた尾に霜が置き乱れている〉。もう一つは〈その山鳥のように独り寝する私の床に月光が霜のように散っている〉。ところで一目でわかるように、これは柿本人麻呂の歌を本歌としている。

あしひきの山鳥の尾のしだり尾のながながし夜をひとりかも寝む

この本歌の想起によって情報量が増えるかといえば、せいぜい〈長い長い夜〉というくらいであるが、新歌はもともと『千五百番歌合《うたあわせ》』の秋の歌として作られたものであり、秋は夜長と決まっているのだから、たいして貴重な情報というわけでもない。つまり語句から読み取れる意味を見るだけでは、あまり本歌取の甲斐があるとも見えない。また、この本歌取は定家自身の注意事項をいくつも破っている。「山鳥の尾のしだり尾」と七五の句をほとんどそのまま引いているし、さらに「ひとり寝る」は「ひとりかも寝む」を取ったものであるから、二句の上に五字まで取っていることになる。その上新歌のモチーフは独り寝の侘しさであって、これも本歌と変わりがない。定家は自分が歌を作る時には、弟子に教えたルールなど全く気にしていないのである。これを見ても、先の定家の教えが原則そのものでないことが分かる。あの指示は、〈これを守っていれば結果として原則を犯す確率が少ないだろう〉という程度の便宜的な規制なのである。

自分の定めた規制を無視した歌ではあるが、定家は、この歌が「本歌取」であって「盗作」ではないことを確信していたに違いない。それは歌の「詮」(最も価値ある部分)が異なるからである。本歌の趣向の中心は、長い序詞を「長々し夜」の一句で受ける仕掛けにある。新歌の工夫は「霜おきまよふ床の月影」にある。同じモチーフでありながら、その世界は一変し、単なる侘しさを超えて悽愴な美の世界につながっている。そしておそらく、この変容の具合に定家の仕掛けがある。

本歌からの引用は上句に集中している。「ひとり寝る山鳥の尾のしだり尾」までは全て本歌に拠る詞であり、読者はただちに人麻呂の歌を思い浮かべる。独り寝の侘しさを想起する。この時、読者の意識がまったく本歌へと向かったのを見すまして、定家は一挙に方向転換を行うのである。私見では、「に」という助詞に工夫がある。「山鳥の尾のしだり尾の」とくれば、この句を修飾句とする名詞、またはこの句を主語とする述語があとに続くはずであり、言葉は抵抗なく一直線に流れてゆく。一方、「山鳥の尾のしだり尾に」とくれば、そのあとに続くのは何らかの「事態」である。「しだり尾」を場所として次に何かが起こらねばならない。助詞の変更によって、それに先立つ「山鳥の尾のしだり尾」の意味論的機能が一変するのである。もはや言葉は一直線には流れない。読者は「に」で立ち止まり、思わず目を開くであろう。次に現れる「霜おきまよふ床の月影」という「事態」は、もはや愚痴に終始する本歌とは遠いものである。言うまでもなくこの「月影」は、独り寝の思いの象徴となって「寄物陳思」を完成している。しかしその思いは愚痴っぽい侘しさではなく、当時の俊成や定家の判詞の用法に照らすなら、「艶」とか「妖艶」と言うべき境地である（「艶」や「妖艶」の用法と意味については石田吉貞『藤原定家の研究』を参照されたい）。

独り侘しい思いで寝ていた男（女でもいいが）が、秋の長夜にふと目を覚ますと、床には霜のように白く月光が散っている。それは美しいとも凄惨とも言いようのない光景であろう。男は「恋」というものの実相を理解したように思う。彼の歌はもはや愚痴ではなく、恋の宿命の認識となるであろう。波に沈むバーンズの白い月が消えゆく生の象徴であったように（一二六ページ参照）、床の月影は恋というものの象徴となる。ただ隠喩と違い、その関係は言葉では説明できない。――

このように考えるなら、人麻呂の本歌は、ただ乗り越えられるために引用されたのだとさえ言えそうである。定家は、引用によって読者をいったん月並の〈型〉の境地に囲いこんでおき、一挙にそれを飛び越えることによって衝撃を与えるのである。私たちは「本歌の心になりかへりて、しかもそれにまとはれずして、妙なる心をよめる歌」という頓阿の言葉を思い出すであろう。

最後に、古来本歌取の模範と言われてきた歌を取り上げよう。本歌は『万葉集』巻三に収められた長忌寸奥麻呂《ながのいみきおきまろ》の歌である。

苦しくも降りくる雨かみわのさき佐野のわたりに家もあらなくに*

これをもとに、定家は次の歌を詠んだ。

駒とめて袖打ち払ふかげもなし佐野のわたりの雪の夕暮*

詞の上で取ったものは「佐野のわたり」の一句にすぎない。しかし〈馬を停めて袖の雪を払う

苦しくも…困ったことに雨が降ってきた。三輪の崎の佐野の渡しのあたりには雨を避ける家もない。

駒とめて…馬をとめて袖の雪を払おうにも、この佐野の渡しのあたりには適当な物陰がない。雪はなお降りつづき、日は暮れてきた。

物陰もない〉という上句は、〈降ってきた雨を避ける家がない〉という本歌をただちに連想させるであろう。空からの降り物を一時避けるべき建物がないという状況は同じなのだから。新歌は、設定の「雨」を「雪」に変えたにすぎない。

だが二首の表す世界は全く異なるものである。本歌の「心」は、雨にただ悩むのみであり、間接的には旅の苦しさをぼやくものである。つまり作者の心情の主観的表出にとどまる。一方定家の歌は、むしろ絵画的な情景の美しさが印象づけられるであろう。影ひとつなく広がる白い空間の中に、ただ一点、騎馬の旅人が行く光景である。久保田淳氏は『新古今和歌集全評釈』で、石田吉貞・窪田空穂・安田章生らの解釈を例に引き、この歌を「現実感の伴わない美の世界と受け取るのが、昨今の普通の鑑賞のし方となっている」と言う。そして「そのような唯美的な見方は、既に宗祇『自讃歌注』所引の一説に見出される」として次の評釈を引いている。

「今まさに雪が降りしきっているとすれば、遠望はきかないはずだから、付近に物陰がないという断定はできない。それゆえ、ようやく雪がはれてきた夕暮の、まだ少し雪が散っているという光景と思われる。この景色は何とも言葉に表しようのない美しさである」(現代語訳は尼ヶ﨑)

ただし久保田氏は、世阿弥の解釈をはじめ「近世の注も多くこの歌に現実感を認めている」ことを指摘し、「定家の歌を初めから現実感を欠如した作品、人間不在の虚構の世界ときめてかかっているという傾向が現代の我々にないかどうか」と疑問を呈している。久保田氏の提起したものを私たちの関心に引きつけて言い換えれば、この歌は一幅の空想的風景画なのか、それとも旅行者の侘しい心持ちの告白なのか、という解釈の視点の問題である。前者であれば、視点は画家のものであり、高みから広大な雪景色を眺めることになる。旅人はその中の一点にすぎない。後者なら、視点は旅人自身の内に据えられる。四囲の雪景色は旅人の心を侘しくさせる契機の一つにすぎない。『万葉集』の本歌は、言うまでもなく後者である。

ここで定家の歌をもう一度見よう。一気に読み下す時、まず生ずる印象は、おそらくイメージの鮮度の高さである。一筋の川の両側にどこまでも雪の原が広がっている。半ば暗くなった空からはまだ少し白いものがちらついている。その中を一点の影が行く。騎馬の旅人である。その笠にも衣にもうっすらと雪が積もっている。日は暮れようとしているが、その行く手に家の影はない。彼はどこへ行くのか。彼はまるで、自然の美しさをきわだたせるためにだけこの世に送られてきた、永遠の旅人のように見える。近代の評者のほとんどが、旅人の侘しい心情よりも光景の美に注目したのは当然であるように思える。

しかしこの歌が本歌取であったことを思いださねばならない。定家がわざわざ「佐野のわたり」とことわったのは、本歌を呼び出すためである。本歌は、雨に降られた旅人の憂鬱を訴えるものである。視点は一転して、定家の歌は、暮れかかる雪空の下を遠く行かねばならぬ旅人の憂鬱と不安を呟きはじめるであろう。絵画的美しさにのみこだわるのは、本歌を忘れた読み方のように思えてくる。ではこれは、旅人の心情に焦点を合わせて解釈するのが正しいのであろうか。

実は、おそらく正しい解釈というものはないのである。と言ってしまっては身も蓋もないが、私はここで解釈の多様性とか、作品の「開かれ」といった現代的な話題を持ち出そうというのではない。おそらくは定家自身が、この歌に一つの正解があるなどとは考えていなかったろう、ということである。彼は、ある「内容」（風景の美であれ、侘しい心であれ）を表現するために言葉を選んだのではなく、言葉ができる限り大きな効果を生むべく言葉を組んだのであり、本歌取はそのための手段であったはずである。つまり、この歌が二つの視点をもつこと自体、定家の意図した効果であったろう。では、この歌は、二つの解釈が可能という、両義性をもつ歌ということなのであろうか。いや、おそらく定家は、単なる情報の二重性ということに興味はなかった。むしろ、この二つの視点が同時にもたらされることによって生ずる効果の方に、彼の狙いはあったはずである。

本歌によって一つの憂愁の〈型〉が喚起され、私たちはそれに身をなぞらえる。旅の侘しさと不安を私たちは思いやるであろう。ところが同時に、この〈憂愁〉は、広大な風景画の中に点景として吸収されてしまう。本歌の主観的な心情の〈型〉は、別次元の美的世界の一要素として外から捉え直されるのである。私たちは、旅人の内と外と、二つの視点の間を往復することになろう。眼の前に雪景色がある。その中の一点の影にすぎないものが、私たちと等身大の〈憂愁〉を抱えている。しかし、その卑小なるものを無視して、白い原と暗い空とがどこまでも広がっている。これを一種の「寄物陳思」と言ってよいかもしれないが、それが喚起するものはもはや旅人の〈憂愁〉ではなく、さあ何と言ったらよいか、宗教的な世界観に近いものである。読者は行き悩む旅人に一体化したとたん、自分がこの上なく大きく美しいものに超えられ、包まれているのを感じるであろう。それはほとんど一種の陶酔にさえ近いだろう。多分定家が「余情妖艶」と呼んだものがここにある。定家は解釈さるべき「内容」など語りはしなかった。正銘の詩人であった彼は、常に「効果」だけを仕掛けた。その効果が確かに読者の内ではじけるなら、読者は彼の「余情妖艶」の世界の中に立つことができるのである。

このように考えてくる時、定家が「ことばはふるきをしたひ、心はあたらしきを求め」(『近代秀歌』)と教えつつ、唯一の意識的な手法として本歌取を説いたことの理由がわかるように思える。本歌を取ることは、新しい心を求めることと表裏一体のものであった。本歌の呼び出す「心」は、古来文化の目録に登録されているものである。誰もが時に応じてそれに我が身をなぞらえる手垢のついた〈型〉である。定家がこの月並な〈型〉を引用するのは、それを破るためなのだ。彼は読者の前に、通常の物の見方をするかぎり見えない世界の扉を押し開こうとする。そのために、彼はまず通常の〈型〉を引き、同時にこれから脱出する工夫を加えるのである。もちろんただ外に立つだけなら造作はない(前に私たちはその作業を「パロディ」と呼んだ)が、彼はその〈型〉を素材に新しい「心」を喚起しなければならないのである。彼は周知の情念の〈型〉を引用しつつ、月並な見方ではそれと両立しがたい「もの」を配する。心と物の照応という効果が生じ、読者は世界をかつて知らなかった「眼」で見はじめる。このような享受の過程は、本歌という確立された一つの〈型〉を踏み台としなければ、容易には生じないであろう。

定家は、言葉の通常の使い方によって表しうるような心理や世界のありように興味はなかった。それらはいずれ既知の事柄か、その延長にあるものにすぎないからだ。彼は、既知の情念を喚起し状況を再現する言葉の仕掛けそのものを材料として、いわばそこから私たちを追い出すために「本歌取」を用いたのである。ということは、月並な心理しか知らず、月並な世界の見方しかできない歌人に、この詩法は役に立たないということである。本歌取が「定家によって最高に取上げられ定家に於いて終わった」のは偶然ではないであろう。

あとがき

人が言葉を語るとき、たいていは自分の考えていることを他人に伝えるためである。そこで一般に、言葉とは思考を表現するための道具とみなされている。しかし心の中にあるものの全てが言葉に乗りやすいわけではない。自然の美しさ、恋の思い、そういったものは、いくら語彙と文法を学んでも、うまく記号化できるものではない。しばしば「言語に絶する」とか「とても口では言えない」と形容されるゆえんである。どうすれば言葉は思考に追いつくことができるか。理屈を超えたものを語るためには、通常の文法を超える言葉の用法が必要であるだろう。こうして、もうひとつの文法である「言葉のあや」、即ちレトリックが登場する。佐藤信夫氏のいうように、レトリックとは文法に逆らってまで正確な表現をめざすことなのである。

このようなレトリックを最も必要としたのは、いうまでもなく詩人であった。日本とて例外ではない。千年の昔、日本最古の文学論である『古今集』仮名序が書かれたとき、筆者紀貫之《きのつらゆき》の関心は、「心に思うこと」をいかなるレトリックによって言葉に表すかにあった。詩歌とは思いの表現であるということを前提にするなら、どうすれば言葉は思考に追いつくかということがまず問題となるのは当然であるだろう。おそらく今日でも、大部分の歌人にとって事情は変わらないだろう。

しかし日本の文学史を振り返れば、歌人たちはそんな問題は簡単に解決し、その向うにさらに別の問題を見出したようである。それは、思考は言葉に追いつくか、という問題であった。ふつう私たちの思考は、《私たちの知っている世界》という枠のなかで展開してゆくものである。そして言葉を規則通りに使っているうちは、この枠からはみ出ることはあまりない。しかしレトリックという《もうひとつの文法》は、言葉をこの既知の世界から切り離し、未知の言葉の連関を自己増殖させてゆく。それが表す世界は、もはや理屈の通る世界ではない。それを理解しようと思うなら、私たちは自ら慣れ親しんだ世界の外へ出で立たねばならない。見方によっては、これは狂気の沙汰である。

中世の歌人たちは、しかしこの「物狂《ものぐるい》」の道を択んだ。思考に合わせて言葉の枠を限るよりも、言葉の切り開く世界に合わせて思考を広げようとしたのである。もちろんこれは、知識を増やすとか推論の技術を学ぶといったことではない。私たち自身にも半ば無意識な心の回路を組替え、世界に対する身構えを切替えることである。異様な言葉を「頭でわかる」のではなく、「呑みこみ」「腹に入れ」「腑に落ちる」ように付き合うなら、言葉は私たちの思考法を変え、世界は新しい姿をもって私たちの前に立ち現れるであろう。世界観が変わるとは、世界そのものの意味の構造が変わるということなのだから。歌人はそのようなレトリックの力を信じたのである。

言葉が意味を失うぎりぎりのところでレトリックの極限を実験したのは少数の歌人であったかもしれないが、彼らが切り開いた手法は和歌の世界だけでなく、広く文芸一般から今日の広告コピーにいたるまで、ごく当り前のように用いられている。けれども、その仕掛けが持つ力の射程と、美学的な意義の深さとはまだ十分に明らかではない。というのも、レトリックの仕掛けを探るとは、言葉の操作法の問題を超えて、私たち自身にさえまだよくわかっていない心の働き方の仕組みを探ることであるためだろう。そしてこれは、いうまでもなく、現代の美学・哲学における最先端の問題とじかにつながっている。

もちろんどの国の言語にもレトリックはある。言語体系によってレトリックの形はいくぶん違うだろうが、その仕組みを探ってゆけば、出会う問題は同じだろう。とすれば私たちのなすべきは、まず日本人が遺産として引き継いできたレトリックを取り上げ、それがいったいどういうからくりになっているのかを確かめることだろう。というわけで、目次には掛詞とか本歌取とか、かびの生えたような名前が並んでいる。よくもあしくも、これらは日本人が言葉とどう付き合ってきたかを示しているだろう。けれども私の意図は、これらの手法の埃を払って整然と陳列することではない。現代の私たちにとってなお問題であり続けるような「言葉」の性格、あるいはそれが映しだす私たち自身の思惟のありようを照らし出したいと思ったのである。もちろんこれは目論見の話であって、いざ筆を取れば、なかなか思惑どおりに運ぶものではないけれども。

レトリックという美女の裾をちらりとめくったにすぎないような本書がこのような形で世に出るまでにはいささかの曲折があった。その過程で示していただいた佐々木健一先生の御配慮と大村知子さんの御親切にまずお礼を申し上げたい。また筑摩書房の柏原成光・井崎正敏両氏の御好意も特記しなければならない。そして担当の熊沢敏之氏の綿密な仕事ぶりにも感謝の意を表したいと思う。

昭和六十二年八月

著　者

解説

永田和宏

レトリックに関する論は、多くの場合、詩歌の実作者に対しては、なぜかすこぶる評判が悪いようである。レトリックは、もともと相手に対する説得の技術として発達し、さらに芸術的文学的表現技術として定着していったということだが、それをもっとも必要としているのが、小説や詩歌に関わる文学者であることは改めて言う必要もない。特に、その内容以上に、〈いかに〉表現されているかが問われる詩歌を業とする者にとってレトリックは、いわば大工にとっての鉋、コックにとっての包丁とも言うべき存在であるはずだ。

ところが、多くの実作者は、レトリックなどと七面倒くさい〈論〉に接することなく、自分の作品を作っている。いや、もっと正確に言えば、〈レトリック論〉などを勉強することは、いやしくも詩歌の実作にかかわるものにとって邪道だという考え方のほうが、今なお大勢を占めていると言っていいだろう。

このような不幸な事態を招いた原因はいろいろであろうが、詩歌にたずさわるものの怠慢をいまは一応棚上げにしておいて、レトリックの側にもいささかの原因無しとはしないであろう。私自身、これまでにいくつかの修辞学書を読んできて、それらに飽き足らなく思った点は、二つある。

第一は、レトリックを扱った書があまりにも西洋的である点であった。例にあげられているものも、扱われている技術も、いかにも翻訳物といった雰囲気で、私たちの日常感覚とあまりにもかけはなれているといった印象が強かった。日常会話や詩歌などに感じるいわゆる〈機微〉といった微妙な感覚に届いてこない恨みがあった。

第二の理由は、それらが解説を主眼としているために、実作者が抱えている、いわば現場の問題意識とはかなりかけはなれた地点で語られすぎているという印象も強い。レトリックを精細に分析し、その分類を教えてもらうことはありがたいことだが、なぜそのレトリックを用いることが求められるのか、いわば現象論ではなく、その必然にまで射程が届いているものは稀である。

そのようななかで、佐藤信夫の『レトリック感覚』『レトリック認識』などからは強いインパクトを受けた。レトリックといえば、文章をいかにうまく表現するかというレベルで考えがちであったが、じつはレトリックはものの見方の新たな発見、認識のパラダイムの転換のためにこそ機能するのだという主張に眼を開かれる思いがした。佐藤氏はそれを〈発見的認識の造形〉という言葉で表現するが、このような発見的認識は、詩歌の実作に関わるものにとっては、不可欠の要素である。佐藤氏は、詩歌について論じるのを意識的に避けているが、詩歌とくに和歌は、日本語のレトリックを考える場合に避けて通ることのできないところである。そこに一貫して照準を合わせてレトリックを論じてきたのが尼ヶ﨑彬氏である。

尼ヶ﨑彬氏の『日本のレトリック』は、純然たる研究書というべき書である。しかし、ここに述べられている〈論〉は、決して無味乾燥な修辞学の干物ではない。日本語およびその代表的作物たる和歌に特徴的なレトリックを分類し、また解説しながら、しかしその目指すところは常に、レトリックによって見えてくる日本語の特徴、認識の水準、さらにはなぜそのようなレトリックを用いなければ表現が完結しなかったのかという、その必然性に向けられている。これらが常に視野に入れられていることによって、尼ヶ﨑氏の論は、研究書でありながら、実作者にとっても地続きの身近さを感じさせる、あるいは自分の作品行為の現場に立ちながら読むことのできる本になっている。

前著『花鳥の使』は「歌の道の詩学」というサブタイトルを持つことからもわかるように、貫之、俊成、定家、心敬、宣長、御杖と、歌論史に名を残す人々の歌論を、通史的に検証することによって、日本の詩観がどのように変遷してきたかを跡づけたものであった。しかし、跡づけたといっても、それは単に流れを追ったというものではなく、著者自身の詩観が一本の縦糸として、強く押し出されていたのが印象的な本であった。

『ただの詞』はものの『ことはり』を精細に記述し、論ずることはできるが、『あはれ』を伝えることができない。『あはれ』は『いふにいはれぬ』ものである。この『あはれ』を表現するものが『あや』ある言葉、即ち歌である」と、宣長の『石上私淑言』に基盤を置き、和歌において〈あや〉が用いられるのは、「ことはり」すなわち意味をうまく表現するためではなく、「いふにいはれぬ」「あはれ」を表現するためにこそ必要なのだという点を出発点に論を展開していた。

歌が詠まれるとき、一回限りの私的な〈感じ〉が、一つの〈感じ〉の型として読者に共有されることになる。その〈感じ〉の型あるいは一つの〈こころ〉が、その文化圏に公有されることになる時、歌を仲介として、共時的にも通時的にも、〈こころ〉や感性の型を共有することができる。これが、尼ヶ崎氏の歌論史をつらぬく基本的な姿勢であろう。すなわち〈価値体験の型の伝承〉ということである。これはまた、俊成が『古来風体抄』で言う、「春の花をたづね、秋の紅葉を見ても、歌といふものなからましかば、色をも香をも知る人もなく、何をかはもとの心ともすべき」というところにつながる。

本来語り得ぬものとして存在する「こころの型」をいかにして伝えるか。「伝えるべきは、世界の新しい姿ではなく、世界を見る新しい眼でなければならない」と考えるにいたる俊成歌論の展開を論じた部分は、前著の各章中、もっともスリルに満ちた章であった。

『日本のレトリック』は、形式上八章にわかれているが、初めの三章、「仕立て――仕組まれた場違い」「見立て――視線の変容」「姿――見得を切る言葉」が総論にあたり、以下「対句」「寄物陳思」「掛詞」「縁語」「本歌取」が各論に相当すると一応は言うことができる。このような表題を一瞥するだけでこれらが従来のレトリックの書とは、かなり異なったものであることが了解されるだろう。

尼ヶ崎氏は、当然のことながら、従来の修辞学の成果を参照し、それらを取り入れはするが、その路線の上に論を進めようとはしない。いわゆる修辞学の枠内で、そのテクニカルタームを駆使して話を進めるのではなく、自前の言葉で、あくまで日本の詩歌に的を絞って、日本語におけるレトリックを考察しようとする。それは西欧修辞学の日本語への応用編なのではない。日本語におけるレトリックを考察する上で、西洋修辞法にはない特性、新たな視点を獲得する試みでもある。

第二章では「見立て」が論じられる。これは従来の修辞法なら当然直喩や隠喩として扱われる言語現象である。しかし尼ヶ崎氏は、そのような分類法を避けて、あえて「見立て」という言葉にこだわる。その理由を「『隠喩』という語は、言葉と意味との関係におけるある特性を指すものである。つまりある記号が本来の意味とは別の意味を表す〈転義〉という現象に注目している。しかし、『見立て』とは対象を取り扱う主体の態度に注目した言葉である。そして私の見る所では、転義とはこの修辞法の表面的特徴であって、主体の態度変更というからくりこそ、この修辞法の根底にあるものである」と言う。

この態度変更という観点は重要である。レトリックを単なる言語現象の枠内にとどめるのではなく、あくまで認識の機構一般に関わる問題として扱おうという態度が、本書を貫くライトモチーフでもあろう。

この隠喩は何を指しているのかという指摘がなされたとき、通常、隠喩の解釈は終ったとされる。しかし尼ヶ崎氏は、そうではないと言う。それだけでは発話者が隠喩を用いて「言わんとした」ことは必ずしもあきらかになってこない。「あいつは狼だ」という言葉があったとき、〈あいつ〉＝狼という解釈のほかに、〈あいつ〉に対して生じるある感情、その「もう一つの言外の意味」の伝達こそが、隠喩を用いる理由である、と言うのである。

そのような言外の意味は、詩歌の場ではどのような効果をもってくるだろうか。

冬ながら空より花の散りくるは雲のあなたは春にやあるらむ　　清原深養父

の一首において、花を雪だと見破ることだけでは、この比喩の解釈は終っていない。尼ヶ崎氏は、花を雪と見破ることを、歌舞伎用語を借りて〈見顕し〉と呼ぶが、「『見顕し』とは、Bという記号が実はAという記号の代用であるという暗号の理解ではないのだ。それは『AをBとして見る』という見立ての原行為そのものの共有化なのである」と言う。これはすなわち作者と同じ場所に立って、作者の比喩を用いなければならなかった必然そのものを追体験するという態度であろう。私たちが、読者として作品を鑑賞する行為そのものにまで、この考察は届いている。

これが読者にとっての、比喩の解釈であるとすれば、作者にとって「見立て」とはどのような意味をもつものなのか。あるものを見たとき、それを表すのに、単にそのものの名前を述べるだけでは自分の今の〈感じ〉に照らして不正確に思われる、すなわち、言葉以前のある感じを表現するのに、既成の言語規則、認識の規則では不十分だと感じたとき、客観的な名称や特徴を越えて、ある場合には日常的な言語規範やコードに逆らってでも、自分の〈感じ〉をすなおに表現したいと思うことがある。それは多く、新しい「カテゴリーの切り直し」や日常的パラダイムの転換をともなうだろうが、言語以前のある〈感じ〉を言語化したいとする欲求こそが、作者における比喩表現の必然性なのである。尼ヶ崎氏は、古典和歌を例として、そのような作者側、読者側の「見立て」への態度を論じているが、それらはすべて現代の作歌の現場においてもそのままあてはまる重要な問題である。

短歌を作りはじめた歌人の卵が必ず口にするのは、思うことを十分表現できないという悩みである。卵だけでなく、ひよこでもやはりそのような悩みを、詩型の難しさとつなげて考えやすい。あるいは自分の思うことを表すのに、三十一文字という長さはもともと短すぎて、この長さでは十分な思想を盛ることは無理なのだと考える人もいる。ご存じ「第二芸術論」の論法である。

しかし、これらに共通して抜けている視点は、それではなぜそんな困難な詩型を敢えて選んで表現行為をしているのかという問いである。言い換えれば、「歌を作る喜びは、自分の思うことを十二分に表すことにあるのか」という点である。自分の思っていることや感じていることを過不足なく相手にわからせようというのなら、なにも制約ばかりが多い、短歌という形式を用いる必要はないだろう。また、作者の考えていることを理解するためなら、不十分な表現にしかならない短歌という形式によってそれを知る必然もない。

私はすでに二十数年、短歌という詩型に関わってきたが、なぜこの形式によっているかという問いに、最近ようやく答えがみつかったと思っている。それは、自分のなかにあらかじめあるものを言語化するのが短歌ではなく、自分でもまだ見つけていない自分に出会えるのが、短歌を作ることの意味なのだということである。あるものに触発されて歌を作る場合、それに対して定型の枠のなかで向き合いながら表現を練るとき、時として自分でもはっとするような感じ方に出会うときがある。このような新しい自分との出会いは、自分の考えていたことを十二分に表現できた喜びよりははるかに大きい。制約はまた恩寵でもある。

自らが詠むにせよ、あるいは他人の作品を読むにせよ、一首の歌に出会う以前には自分のなかにあり得なかった自分、また一首の中で出会える認識や感性の発見という期待なくして、このような〈不自由〉な形式に関わり続ける意味はほとんど見い出すことができない。

父十三回忌の膳に箸をもてわれは食う蓮根および蓮根の穴を　　小池　光

蓮根を食うということは、実は蓮根と同時に、蓮根の穴も食うことなのだ。この発見は私をはっとさせる。漠然と蓮根を食うと理解していた日常の動作に、いま一つ別の意味があったことに気付くからである。これは単なる見立てという以上に、私たちの認識のパラダイムになんらかの変更を迫るだろう。私たちは、次に蓮根を食うとき、きっとその穴の存在が気になって仕方がないはずだ。この一首に出会ってしまったばかりに、蓮根を平常心で食うことができなくなる！　とまで言えば大げさだが、この一首は、少なくとも、ものを見るということは、可能なすべての見方から、一つを選択しているに過ぎないのだということを教えてくれるだろう。

蓮根の穴を食うという発見は、小池の歌によって私にも「価値体験の型」として生きることになる訳だが、このような「価値体験の型の伝承」という観点は、『花鳥の使』以来、本書においてもやはり重要な視軸である。俊成の言う「歌の道」、宣長の言う「もののあはれを知る」こと、いずれもこの「価値体験の型の伝承」に基づいている。それはまた本書の最後で扱われる本歌取の成立基盤でもある。

定家の本歌取を論じて、尼ヶ崎氏が「本歌の呼び出す『心』は、古来文化の目録に登録されているものである。誰もが時に応じてそれに我が身をなぞらえる手垢のついた〈型〉である。定家がこの月並な〈型〉を引用するのは、それを破るためなのだ」と述べるとき、このような分析は、私たち現代歌人にはとても親しく感じられる。

ある意味では、私たちは個々の〈もの〉と〈こと〉に対して、ある種の本歌取のような心構えで対峙しているのではないだろうか。

晩夏光おとろへし夕　酢は立てり一本の壜の中にて　葛原妙子

私たちの普通の感覚では、そこに立って見えているものは壜であって、酢というその内容物ではないだろう。しかし葛原妙子は、そのような常識的な見方を一方の側に置き、そのような常識に馴らされた私たちの感覚を衝くものとして、酢自体が立っているという見方を提示する。これは、もちろん厳密な意味の本歌取ではない。しかし、壜が立つという月並な見方を前提とし、それを突き破ろうとする意志において、その認識の機構は本歌取の外延にある作品であるということができよう。

　そもそも歌をつくるということは、一首としてこれ本歌取ならざるはない、という趣旨の言挙げをしたのは、現代の歌人塚本邦雄である。どのような素材を歌う場合にも、先歌にみられる〈感じ〉の型というものは、それを踏襲するにしても、反発するにしても常にリアクションの対象として意識の片隅にはあるものであろう。尼ヶ崎氏の指摘は、古典和歌の歌論を語りながら、しかもそのまま現代短歌の問題に直結するものであるところが魅力なのである。

　しかも現代短歌の抱えている困難な状況にまで、その視線の届いているところが私には興味深い。たとえば本歌取の問題について、著者が「『古今集』は一千の歌を世に送り出した。これは一千の状況ないし情念の〈型〉が公共の財産目録として登録されたということである」と書くとき、私たちには、ある一句を言うだけで、直ちにだれもがもとの歌を想起できた時代への羨望に似た思いが去来するのである。

　現代短歌においても、二十年ほど前までは、少なくとも総合雑誌に掲載された作品は、読んでいないとすれば読まなかった方が悪いのであって、皆が読んでいることを前提にして、さまざまな論議や鑑賞がなされていた。それが現在では、短歌雑誌の乱立、結社雑誌誌上での作品の大量生産などによって、一首の歌が誰もに読まれるという状況が完全に壊れてしまった。専門歌人と呼ばれる人たちでさえ、総合誌に掲載される作品のすべてに目を通すことは、事実上不可能に近くなっている。せっかく作り出された作品が、ほとんど論議される機会もなく、消えていく運命にある。一首の滞留時間が短くなっているのである。皆がただ自分の作品を送り出すだけで精一杯で、同時代の他の作品を〈読む〉余裕を失っている。同時代性という概念自体が消失しようとしているのである。これでは作品行為自体が自己満足でしかないだろう。他の多くのジャンルでも同様の現象は見られるであろうが、殊にも、読者の数だけ作者がいるといわれる短詩型の分野でこのような現象は際立っていると思われる。

この問題は、現代短歌の分野では、まだあまり真剣に議論されたことはないが、真に憂慮すべき問題であるだろう。尼ヶ崎氏が、定家の本歌取を論じて、「彼は読者の前に、通常の物の見方をするかぎり見えない世界の扉を押し開こうとする。そのために、彼はまず通常の〈型〉を引き、同時にこれから脱出する工夫を加えるのである」と言い、さらに「彼は周知の情念の〈型〉を引用しつつ、月並な見方ではそれと両立しがたい『もの』を配する。心と物との照応という効果が生じ、読者は世界をかつて知らなかった『眼』で見はじめる。このような享受の過程は、本歌という確立された一つの〈型〉を踏み台としなければ、容易には生じないであろう」と述べているあたりから、表現の基本的な問題として、現代短歌の状況論が展開されてもいいな、などと思わせる。私が、繰り返し、単なる教科書や解説書ではないと強調してきた所以である。もっとも基礎的な論考が、もっともラディカルに状況を照射するという例を、この一冊に見るように思う。

（歌人・京都大学名誉教授　京都産業大学名誉教授）

『セレクション版』のためのあとがき——尼ヶ﨑彬

文字の航跡——その2

古来西洋においては紳士が身につけるべき教養として「リベラル・アーツ」（自由人の学芸）と呼ばれる七学科があり、論理学・文法学などと共にレトリックはその一つだった。「レトリック」の語はもともと他人を言葉で説得するための技術、つまり「弁論術」であったのだけれど、しだいにその一部である措辞の技術をさすようになる。だから近代に西洋の学芸を輸入しようとした日本の学者はこれを「修辞学」と訳した。けれどもレトリックは十九世紀末に人文教養の必修科目から外されてしまう。「レトリック」という言葉には、つまらないものを立派にみせかける美辞麗句とか、間違った考えを正しいと錯覚させるための屁理屈といったイメージが強くなっていったからだろう。近代の学問のヒーローが相次ぐ「真実」の発見によって人々の世界観を魔術的なものから科学的なものへと一変させた自然科学だったとすれば、レトリックはその対極のいかさま師という位置にきたのだ。こうしてレトリックはいったんまともな学者が相手にするものではなくなった。

だが二〇世紀後半にレトリックは再び西洋の研究者たちから注目されるテーマとなった。言語学はもちろんさまざまな分野から新しい視点による論文・著作が次々と出て、新潮流を形成した。そして一九八一年、日本でも雑誌『思想』がレトリック特集号を出した。西洋の伝統的レトリックを整理した論考にはじまり、美学・政治学・音楽学・法学等さまざまの立場からの論考を網羅した目次は壮観であった。そして掲載された論文12編のうち、最後の1篇を除いて共通の特徴があった。引用文献が西洋語ばかりなのだ。ここからはまったくの妄想なのだが、ある日の編集会議でこんな話が出たんじゃないだろうか。せっかく日本でレトリック特集を出すのに詩歌論の長い歴史をもつ日本も中国もここにないのは片手落ちじゃないのか、日本のレトリック論を書ける人はいないのか、とはいえ〆切まで余裕がないので忙しい大御所に頼むのはあぶない、とかなんとか。そして佐々木健一先生の紹介により、私の「和歌のあや」が目次の最後に12番目の論文として加わることになった。その引用文献は日本語と漢文ばかりだった。

ありがたいことに、「和歌のあや」を読んだ編集者から本を出さないかという話が大学助手にすぎない私に二つもきた。一つは勁草書房の伊藤さんからで、その企画は「和歌のあや」を冒頭におき、私の修士論文を中心にそれまでに書いた論文をまとめて日本の歌論史を概観する本になった。本セレクション2の『花鳥の使――歌の道の詩学1』である。もう一つは二〇代の青年編集者からで、その出版社の名前を聞くのは初めてだった。企画は書き下ろしである。初めてのことで、私は一冊の本をどうやって構想し、書き進めればよいのかわからず、手さぐりから始めた。ようやく書き上げたときには彼は会社を辞めており、出版計画も消えていた。その後紆余曲折あって、筑摩書房から出版できたときには数年を経ていた。それがこの『日本のレトリック』（原題：日本のレトリック――演技する言葉）である。

本書はその前に出した『花鳥の使』と対照的である。前著が歌論史、つまり和歌そのものではなく和歌についての諸考察を研究対象としたメタ考察であるとすれば、本書はレトリックの具体的事例の現場検証を行い、そのしくみを取り出すものである。また前著が他人の書いた歌論を紹介し解説するものであったとすれば、本書は私自身の考えを語るものである。前著の各章は「論文」、つまり読者として専門家を想定し、記述の根拠を明らかにするため煩瑣な注を付したものであったのに、本書は一般読者を想定し、記述の厳密よりも読みやすさを重視し、注は原則として付けない。そして前著は論文集、つまり各章は独立した論文であり、初めに全体構想があったわけではないから各論文はそれぞれ勝手に言いたいことを主張している。本書も執筆前に明確な構想があったわけではないが、少なくとも全体を通しての意図というものはあらかじめあったように思う。それはレトリックというものを、西洋の構造主義や生成文法や記号論的修辞学のように対象を要素に分解してその構造や規則を調べるのではなく、非文法的な語法によってスイッチが入る人間の非論理的思考や認知の回路として調べることであった。さらに言えば、そのスイッチによって立ち上がる体験、言い換えれば「実感」を呼び起こす仕組みを取り出すことであった。たとえばある和歌を読んで「美しい」と言うのは、そういう実感が生じたということであって、語義の複雑な組合せを解読するとそういう意味が見つかったということではない。これは『花鳥の使』で明らかになった日本の歌論史を一貫する二項対立、すなわち透明な記号として論理的に内容を伝達する「ただの詞」と、それに対する不透明で非論理的な言葉によって実感を喚起しようとする「歌」という設定を引き継ぐものだとも言える。

そしてまず初めに書いた文章は、次のようなものであった。

私の記憶の中で半ば肌をあらわにした女性がこちらを睨んでいる。下に一行、——裸を見るな。裸になれ。

パルコの広告である。前半でギクリとさせ、後半でナルホドと感心させる。

本書第四章「対句」の冒頭である。なにせ「私の記憶」だけで書いたから間違いもあった。今はネットで簡単にこのポスターの画像を検索できる。下にあったのは「PARCO」の文字である。引用したコピーの文字は横書きでモデルの眼のすぐ傍に配置されていた（セレクション版ではそのように修正）。その眼はまっすぐこちらを見ているから、まさにこの女性が私に向けて発した言葉のように思える。それもいきなり「裸を見るな」。ポスターを見ているのが男性なら、たいがいギクリとするだろう。後ろめたさを鋭く突く叱責でもあり、あらがうことができない命令でもある。そして「裸になれ」。簡潔で強い命令だ。やはりあらがいがたい感じがする。しかしよく考えるとどうすればいいのかわからない。このポスターの前で服を脱ぎ始めた人はいないだろう。この曖昧な命令は、読む人が自分自身に問いかけることでさまざまに解釈できる。自分を偽るなとか、背負いこんだ余計なものを捨てろとか。だがこの命令と「裸を見るな」という命令とはどう結びつくのか。少なくとも意味の上では関係がない。しかしこのコピーに前半の「裸を見るな」がなく、ただ「裸になれ」だけだったとしたら、私の記憶には残らなかっただろう。言葉としての力がないからだ。私は本書を書くときなぜこのコピーの引用から始めたのだろう。いま考えると、レトリックの作用は認知の問題だとしても、レトリックの価値は言葉の力にあると思っていたからだろう。そしてこのコピーはそのことを端的に表しているように思えたのだ。私はレトリックの仕組みについて書くつもりでいたのに、なぜかペンを握ると、まず読者にレトリックがもたらす理屈を超えた言葉の力の実例を見せたいと思ったのだ。

このコピーは「〈裸〉＋助詞＋命令形動詞」という構造を反復するものであり、典型的な対句である。こういう対句を見ると（まして聞くと）、言葉の意味を捉える前に形の反復に注意が向く。ふつう言葉を聞くときはその意味だけに意識が向けられて、それを伝える言葉がどんな言い回しをしているかには意識が向かない。これを言葉の「透明化」という。ところが対句の場合は逆に言葉が不透明な物質となって内容の手前に立ちはだかり、特定の形を持つ一個の具体物として「私を見ろ」と存在を主張しはじめる。これが言葉の「モノ化」（ヤコブソンのいう reification）である。詩歌の言葉は基本的にモノ化を目指しており、そのために世界的に採用されている方法が押韻に代表される音形構造の反復である（定型詩）。もう一つが同類の意味と統辞構造を反復する対句である。そして究極が言葉にリズムやメロディーを与えること、つまり「歌う」ことである。

私は「対句」の章を書いたあと、「寄物陳思」「掛詞」「縁語」「本歌取」と和歌の古典的な修辞技法の章を書いた。そのうち次第に自分がやっていることがはっきりと見えてきたような気がした。そして改めて後半の構想を練って「仕立て」「見立て」「姿」と書き進んだ。全体の草稿ができたとき、とある無名の詩人に原稿を見せた。その人は「構成の前後を変えたら?」と言った。こういうときは他人の意見に従うことにしている。川の中で溺れている当事者がいかに必死でも、岸辺で眺めている他人のほうが正しく状況を見ているものだから。こうして「仕立て」以下の三章を前に、「対句」以下の五章を後に置く構成が決まった。読み返してみると、前半が基礎編、後半が応用編という形になっていた。たしかにこの方がおさまりがいい。ただし前半は話が入り組んで読みにくく、後半の方が単純でわかりやすい。結局構成を変えてよかったのかどうか、今も自信がもてない。

新たに第一章となった「仕立て——仕組まれた場違い」は私たちが無意識に従っている言語ルールとそこからの逸脱についての話である。そもそも言語とはある人の内面を他人に伝えるための道具だが、その使い方はふつう次のように説明される。まず話し手は伝えたいことを意識の中で明確にする(思考内容の対象化)。次に話し手はその内容を要素(概念)に分解してそれを単語に置き換え(記号化)、文法という規則に従ってつなぎ合わせる(統辞)。こうしてできあがった記号の鎖が文章である。聞き手はこの記号の鎖を言語規則に従って解読し(復号化)、もとの内容を理解する。これで言語による情報伝達の一セッションが完結する。だがこのシンプルな言語使用には、私たちが無意識に前提している条件がある。

まず話し手にはほんとうに言いたいことがあること。そしてそれを伝えるためにマジメに文を作ること。さらに聞き手のほうはそれをマジメに共有したいと身構えていること。ここからグライスの「協力の原理」が語られることになる。たとえば当面の話題と文の内容が合わないように見えるとき、聞き手は語り手が話題から離れたことを言うはずがないと仮定して文の解釈を広げる。この語は隠喩ではないか、大事なことをわざと言わない理由があるのではないか、など。ところが「仕立て」とはまさに語り手がマジメでないため協力の原理があてはまらないケースなのである。たとえば語り手が「受け狙い」を目的にすればマジメに「内容」を伝えることよりも、笑いを引き起こす効果がほしい。笑いが生じやすいのは、聞き手が内容に意識を集中するマジメな身構えから一歩離れて、語り口などの形式に意識を向けるときである。「もじり」や「パロディ」などの「仕立て」はわざと高雅な文体で低俗な内容を語ったり、逆にシリアスな内容を卑俗な言葉で表現したりする。すると聞き手は、マジメな身構えが場違いであったことに気づいて笑ってしまうのだ。このとき私たちは文字通り脱力する。肩の力が抜け、頬の筋肉がゆるむ。場違いの「仕立て」は私たちの身体を硬直した身構えから解放するのである。もっとも、楽しい会話で盛り上がっている場にこれを投げ込むと、「笑い」というより「シラケ」という効果を生み出すことがある。「もじり」の一種である「おやじギャグ」が嫌われるのは、せっかくみんなが身構えを揃えて作り上げた場のノリを一瞬で壊してしまうからである。

第二章の「見立て——視線の変容」はこれまで「比喩」と呼ばれてきたレトリックについての話である。西洋のレトリック論では「比喩」は「隠喩」「直喩」「提喩」などに分類されるが、近年主として問題にされたのは「隠喩」であった。「隠喩」とは言葉が表の意味とは異なる裏の意味で解釈されることをいう。そこで多くの隠喩論は隠喩現象をまず「AはXである」（たとえば「彼は狼である」）という文がじつは「AはYである」（たとえば「彼は凶暴である」）を意味することであると規定し、「X」が「Y」へと意味を転換する（転義）仕掛けを解こうとする。けれども本章ではこのようなレトリックを「隠喩」ではなく「見立て」として考える。つまり「彼は狼である」という文は、「彼を狼として見よ」という身構えの指示だとみなすである。これによって聞き手（読者）は「彼」に対し、「狼」を見る時の身構えをとり、あたかも「狼」が立ち現れたかのように反応する。それは恐怖とか嫌悪とか忌避などが入り交じった気分をもたらすだろう。このような対象への「身構え」とそれに伴う「気分」こそが「見立て」の効果なのである。「見立て」の認知回路は記号や概念の操作に留まらず、身体的な作用にまで及ぶ。そしてこの仕組みは「隠喩」だけではなく、「直喩」「提喩」など比喩一般に共通するだろう。

「見立て」の延長線上にあるのが第五章の「寄物陳思」である。たとえば歌に「月」という語があれば、私たちは月の美しいイメージを思い浮かべるかもしれない。だがここに歌が詠まれたときの情報を加えると月の見え方が変わってくる。もし作歌の状況説明として「恋人が突然姿を消した翌年、梅の花の盛り満月の夜に昔の思い出に浸ろうと彼女が住んでいた所に行ってみると、すでに家屋は荒れ果てていた」などと書いてあるとどうなるか。それが業平の次の歌である。

月やあらぬ春や昔の春ならぬ　わが身ひとつはもとの身にして

私たちは業平の置かれた状況を知ると、彼の眼でこの月を眺めることになるだろう。つまり業平の「身構え」を共有するのだ。するとこの月がある種の悲哀を帯びて見え始める。そしてそれは実際の私たちの気分を変える。月に悲哀を感じる眼を持つとき、自分の身体がいつのまにかに悲哀に染まってくるのである。恋人に捨てられた男が「つらい」とか「悲しい」といった直接的な言葉で感情を語っても、他人にその実感を共有させることはむつかしい。だが「寄物陳思」という技法は、まず「物」に対する身構えを共有させることで、その実感を共有させるのである。

第三章の「姿——見得を切る言葉」は表現内容への身構えではなく、言葉の形への身構えを取り上げる。かつてヴァレリーは詩と散文の関係をダンスと歩行にたとえた。歩行は目的のための手段だから、その評価は目的達成に関わる基準、たとえば正確に目的地に着いたか、時間は予定通りだったかなどで計られる。しかしダンスには目的がなく、ただ動き方そのものだけが評価の対象となる。「美しい」とか「キレキレ」とか「人間業ではない」とか。これは詩歌についても言える。詩歌が散文と異なるのは、内容の評価の前に言葉の形（和歌でいう「姿」）が評価の対象となることだ。だから詩歌はまず一連の言葉が一つの姿を持つ「モノ」となって私たちの前に立たねばならない。そのためのレトリックが対句や韻律（押韻と文のリズム）であり、文の流れの調整（香川景樹の「調べ」）であり、「縁語」による言葉の連鎖反応であり（第六章）、「掛詞」による文の流れの複線化である（第七章）。

第八章「本歌取」は身構えの転換を利用した技法である。たとえば本書に引用した万葉集の歌を本歌にした定家の歌の場合、読者（聞き手）はまず本歌の「心」（状況と心情）を記憶から呼び起こし、その身構えをもって新歌の全体を見る。だが定家によって新たに加えられた言葉は本歌に対するのとは異なる視線を要求するので、それに従って身構えを切り換えると、今度は古歌の言葉が新しい相貌を見せはじめる。明確な「言いたいこと」がつかめないまま、読者は多層な感情の世界をたゆたうことになる。鴨長明が「幽玄」と呼んだ世界である。

さて、振り返って単純化すれば、どうやら本書は二つのことにこだわっているようだ。一つは言葉を理解するための「身構え」であり、もう一つは言葉の「モノ化」である。「身構え」は語り手と聞き手が状況の把握や実感を共有するための条件である。「モノ」となった言葉は自在に踊って人々を楽しませたり、音楽や絵画にも似た美的経験を与えたりすることができる。

言語コミュニケーションとは、言葉を媒体として「考え」とか「気持ち」とかを伝え、共有することである。「考え」は言葉という記号を解読すればだいたいわかる。しかし「気持ち」の方は頭でわかってもしかたがない。共感できなければ意味がない。共感するとは自分の身体経験としてそれを実感することである。この実感に必要なのは適切な「身構え」であり、レトリックはそのためのスイッチなのだ。いや、単なる「考え」の理解についてさえ、日本語では本当に理解することを「腹に入る」「腑に落ちる」など身体への比喩で語り、「頭でわかる」という言い方が表面的な理解にすぎないというニュアンスをもつ。つまり、少なくとも日本では、じつは「考え」の理解さえも本当は身体的経験としての納得が必要だとみなされてきたのだ。

ではいったい「身構え」とは何なのか。単に注意関心を向けているということなのか。いやむしろ何かを生起させるための身体的準備ではないだろうか。こうして私の関心は身体と言葉との関係に向けられていった。これが次の著書『ことばと身体』のテーマとなるのだが、これはセレクションの一つとして次に刊行される予定なので、続きはそのあとがきに譲ることにしよう。

■著者紹介

尼ヶ崎彬（あまがさき　あきら）

1947年愛媛県生まれ。東京大学大学院人文科学研究科博士課程中退（美学芸術学専攻）。

東京大学助手、学習院女子短期大学助教授を経て2017年まで同女子大学教授。美学、舞踊学。

著書に、『花鳥の使』（勁草書房、1983年）、『日本のレトリック』（筑摩書房、1988年）、『ことばと身体』（勁草書房、1990年）、『縁の美学』（勁草書房、1995年）、『ダンス・クリティーク』（勁草書房、2004年）、『近代詩の誕生』（大修館書店、2011年）、『いきと風流』（大修館書店、2017年）、『利休の黒』〈尼ヶ崎彬セレクション1〉（花鳥社、2022年）、『花鳥の使』〈尼ヶ崎彬セレクション2〉（花鳥社、2023年）など。

日本のレトリック

［尼ヶ崎彬セレクション 3］

二〇二三年五月三十一日　初版第一刷発行

著者……尼ヶ崎彬
装幀……株式会社　モトモト［松本健一／佐藤千祐］
発行者……橋本 孝
発行所……株式会社　花鳥社
https://kachosha.com/
〒一五三-〇〇六四　東京都目黒区下目黒四-十一-十八-四一〇
電話〇三-六三〇三-二五〇五
ファクス〇三-三七九二-二三二三

ISBN978-4-909832-63-4

組版……ステラ
印刷・製本……モリモト印刷

尼ヶ崎彬セレクション4　続刊

頭でわかるよりも、身体でわかる—もう一つのレトリック

ことばと身体

……私たちが何事かを納得するとは、実は論理以外の作用によるのではあるまいか。昔から深く了解することを「腑に落ちる」とか「腹にはいる」とか言う。これら内臓の比喩は「納得」が論理の回路を超えた一種の身体感覚であることを示唆してはいないだろうか。つまりレトリックとは、言葉による身体への働きかけと言う一面を持っているのではないか。いや、むしろこう言おう。私たちの身体は頭のほかにもう一つの認識＝思考の回路をもっており、それを言葉に表そうとしたものがレトリックではないのか。とすれば、レトリックの問題は言葉の問題と言うより、言葉を窓口として現象する、私たちの心身内部の仕掛けの問題ということになる。

これはレトリックの問題の一つにすぎないかもしれない。けれども私が先人から引き継いだと信じた課題は、このような人間の心身のもう一つの回路としてのレトリックであった。本書はこの課題にこたえようとした私自身の手探りの軌跡である。

—「あとがき」より

【構成】

花鳥社

尼ヶ崎彬セレクション3　新刊　和歌を語りながら、現代短歌に直結する古典和歌の歌論群

日本のレトリック

……せっかく作り出された作品が、ほとんど論議される機会もなく、消えていく運命にある。一首の滞留時間が短くなっているのである。皆がただ自分の作品を送り出すだけで精一杯で、同時代の他の作品を〈読む〉余裕を失っている。同時代性という概念自体が消失しようとしているのである。これでは作品行為自体が自己満足でしかないだろう。……

この問題は、現代短歌の分野では、まだあまり真剣に議論された事はないが、真に憂慮すべき問題であるだろう。尼ヶ崎氏が、定家の本歌取を論じて、「彼は読者の前に、通常の物の見方をするかぎり見えない世界の扉を打ち開こうとする。そのために、彼はまず通常の〈型〉を引き、同時にこれから脱出する工夫を加えるのである」と言い、さらに「彼は周知の情念の〈型〉を引用しつつ、月並な見方ではそれと両立しがたい『もの』を配する。心と物の照応という効果が生じ、読者は世界をかつて知らなかった『眼』で見はじめる。このような享受の過程は、本歌という確立された一つの〈型〉を踏み台としなければ、容易には生じないであろう」と述べているあたりから、表現の基本的な問題として、現代短歌の状況論が展開されてもいいな、などと思わせる。私が繰り返し、単なる教科書や解説書ではないと強調してきた所以である。もっとも基礎的な論考が、もっともラディカルに状況を照射するという例を、この一冊に見るように思う。

……尼ヶ崎氏の指摘は、古典和歌の歌論を語りながら、しかもそのまま現代短歌に直結するものであるところが魅力なのである。

永田和宏氏解説より

【構成】

一　仕立て―仕組まれた場違い　二　見立て―視線の変容　三　姿―見得を切る言葉
四　対句―意味に先立つ形　五　寄物陳思―思いに染まる言葉　六　掛詞―話題の交錯
七　縁語―言葉の連鎖反応　八　本歌取―創造のための引用　あとがき
解説　永田和宏　『セレクション版』のためのあとがき

四六判上製全252ページ　本体価格2700円

花鳥社

尼ヶ崎彬セレクション2　新刊　「あや」はそこに見えてはいないものやことを見えさせる

花鳥の使　歌の道の詩学

颯爽たる一冊だった。……序文からよかった。

宣長を引いて、言葉には二つの種類があるという話から始めている。二つとは「ただの詞（ことば）」と「あやの詞（ことば）」だ。「ただの詞」は世のことはりをあらわし、「あやの詞」は心のあはれをあらわす。「あやの詞」は「ただの詞」のあらわす内容をより巧みに表現するのではなく、「ただの詞」ではあらわしえないものを語る。この「あや」をもってあはれをあらわす文学様式が、すなわち和歌なのである。

古代語の「あや」とは文であって綾であり、またあやかしであってあやかりである。物事や現象にあらわれる文様や表飾が「あや」である。文身（いれずみ）も「あや」だった。そこから妖（あや）しいも怪（あや）しむも操（あやつ）るも肖（あやか）るも躍り出た。船が嵐に翻弄される時に海にあらわれるものをあやかしと名付けたのも「あや」のせいである。中世人にとっては道理や条理の理ですら「あや」だった。

その「あや」をもって言葉をつかうとは、そこに見えてはいないものやことをあらわす作用を発するということである。見えないから見えさせる。それが和歌の動向になる。この見方が秀抜だった。

松岡正剛氏解説より

【構成】
Ⅰ　和歌のあや―序説に代えて　Ⅱ　心と物―紀貫之
Ⅲ　世界を生む言葉［歌の道の自覚―藤原俊成／物狂への道―藤原定家］
Ⅳ　不思議界の陀羅尼［「あはれ」と「艶」―心敬　Ⅰ／冷えたる世界―心敬　Ⅱ］
Ⅴ　世外の道［「物のあはれをしる」事―本居宣長／言葉に宿る神―富士谷御杖］
あとがき　『セレクション版』のためのあとがき
解説　松岡正剛

四六判上製全332ページ　本体価格3200円

花鳥社